Uni-Taschenbücher 871

UTB

Eine Arbeitsgemeinschaft der Verlage

Birkhäuser Verlag Basel und Stuttgart
Wilhelm Fink Verlag München
Gustav Fischer Verlag Stuttgart
Francke Verlag München
Paul Haupt Verlag Bern und Stuttgart
Dr. Alfred Hüthig Verlag Heidelberg
Leske Verlag + Budrich GmbH Opladen
J. C. B. Mohr (Paul Siebeck) Tübingen
C. F. Müller Juristischer Verlag – R. v. Decker's Verlag Heidelberg
Quelle & Meyer Heidelberg
Ernst Reinhardt Verlag München und Basel
K. G. Saur München · New York · London · Paris
F. K. Schattauer Verlag Stuttgart · New York
Ferdinand Schöningh Verlag Paderborn
Dr. Dietrich Steinkopff Verlag Darmstadt
Eugen Ulmer Verlag Stuttgart
Vandenhoeck & Ruprecht in Göttingen und Zürich

Max Scheler

Die Zukunft des Kapitalismus
Tod und Fortleben
Zum Phänomen des Tragischen

Herausgegeben mit einem Nachwort
von Manfred S. Frings

Francke Verlag München

ISBN 3-7720-1284-1

© A. Francke Verlag GmbH, München 1979
Alle Rechte vorbehalten
Einbandgestaltung: A. Krugmann, Stuttgart
Gesamtherstellung: Friedrich Pustet, Regensburg

Inhalt

Tod und Fortleben 7

Die Zukunft des Kapitalismus 73

Zum Phänomen des Tragischen 91

Nachwort des Herausgebers 117

Tod und Fortleben

Sinken des Glaubens an das Fortleben der Person

Was immer in die Sphäre des religiösen Glaubens gehört, das wird in der Geschichte geboren, wächst, nimmt ab und stirbt. Niemals wird es wie ein Satz der Wissenschaft aufgestellt, bewiesen und später widerlegt. Die auch heute noch weitverbreitete Meinung, es habe jemals die intellektuelle Aufklärung, es habe die Wissenschaft und ihr Fortschritt ein religiöses Glaubenssystem durch dessen Widerlegung zu Fall gebracht, ist nur ein Vorurteil des Rationalismus. Keine Wissenschaft und Philosophie hätte vermocht, die griechische Religion, ehe ihre eigenen Wurzeln im griechischen Gesamtleben abstarben und unabhängig von aller Wissenschaft bereits neue Keime für eine andere Form der Religion sich gebildet hatten, aufzulösen und zu vernichten. Ja, eine eindringende Untersuchung der griechischen *Philosophie* und *Wissenschaft* würde vielmehr zeigen, daß die Ziele, die hier der Erkenntnis gesetzt waren, und die Art, wie sie gesetzt wurden, bereits von *ebendenselben* grundlegenden Intuitionen und Werthaltungen bedingt waren, die auch die griechische *Religion* innerlich beherrschten. Denn sowenig die Wissenschaftsstufe einer Epoche in ihrer Methode und in dem inneren Zusammenhang der Theorien untereinander von dem Gehalte der religiösen Weltanschauung abhängig ist, so sehr ist sie doch, wie eine vergleichende Betrachtung der verschiedenen Wissenschaftsstufen und gleichzeitigen religiösen Formen lehrt, in ihren *Ziel*setzungen bereits bestimmt durch den Gehalt der gleichzeitigen religiösen Weltanschauung. Man pflegt dies für die Epoche der Scholastik, der kirchlichen Schulwissenschaft des Mittelalters, zuzugeben, es aber um so mehr zu leugnen für die moderne Wissenschaft, die man sich gerne als «frei» von allen religiösen Voraussetzungen denkt. Tatsächlich sind es aber nur religiöse Voraussetzungen anderer Art – ein seiner Art nach religiöses neues Distanzgefühl zur Welt und ein grenzenloser Wille, sie zu bearbeiten und sie zu beherrschen –, aus denen die Ziele und Methoden der modernen Wissenschaft, z. B. die Idee der Zurückführung aller Erscheinungen auf einen Mechanismus von Bewegungen, entsprungen sind.

Was im ganzen gilt, gilt auch für jede *einzel*wissenschaftliche

Entdeckung im Verhältnis zum religiösen Glauben. Die Kirche war z. B., wie der Briefwechsel zwischen Galilei und dem die Geschäfte der Inquisition führenden Kardinal lehrt, bereit, den Heliozentrismus Galileis anzuerkennen, wenn Galilei die Theorie nicht als «wahr» erkläre, sondern als dasjenige, wofür sie gegenwärtig von den exakten Forschern faktisch gehalten wird: als eine aus dem Gesetz der Sparsamkeit (lex parsimoniae) nahegelegte Voraussetzung zur Vereinfachung der astronomischen Gleichungen. Ausdrücklich erklärt dies der Kardinal in seinem Briefe an Galilei. Nicht als Vertreter einer wissenschaftlichen Theorie ist andererseits Giordano Bruno verbrannt worden, sondern als religiöser Metaphysiker, der seine phantastischen metaphysischen Dichtungen, die als solche mit der modernen Wissenschaft gar nichts zu tun haben, unter anderm auch mit der kopernikanischen Theorie zu unterbauen suchte. Das Werk des Kopernikus selbst ist bekanntlich niemals mit der Kirche in Konflikt gekommen, da sein Herausgeber, der es in einer Vorrede nach dem Tode des Kopernikus dem Papste Paul III. widmet, in dieser Vorrede ausdrücklich die Frage nach der «Wahrheit» von der Frage nach der Sparsamkeit und Zweckmäßigkeit einer Annahme scheidet und die kopernikanische Annahme nur als eine, wie man heute sagen würde, durch die Gedankenökonomie nahegelegte ausspricht.

Es wäre sehr irrig, diesen Satz von der *Ohnmacht der Wissenschaft gegen die Religion* nur auf die Naturwissenschaft zu beziehen, ihn aber für die historischen Wissenschaften zu leugnen. Denn: Die historische Wissenschaft, z. B. die Bibelkritik, scheint es zwar zu sein, welche mit dem Glauben an die Inspiration durch Aufweisung der Widersprüche und der allmählichen Bildung der religiösen Schrifttümer auch die absolute Glaubwürdigkeit und damit den Glauben an diese Schriften auflöst. Aber eine solche Auffassung beachtet nicht, daß eine religiöse Urkunde, wie z. B. die Bibel, oder eine Tradition, oder eine Einrichtung als Gegenstände einer rein verstandesmäßigen Geschichtsbetrachtung, die religiösen Urkunden aber als bloße «Quellen» über irgendwelche Ereignisse erst angesehen werden können, wenn das religiöse Ehrfurchtsgefühl, in dessen Licht oder, wenn man will, in dessen Dunkelheit sie als «Offenbarung» erscheinen, bereits *aus sich selbst heraus erloschen* ist oder aus keimhaft hervorquellenden neuen Tendenzen des religiösen Lebens selbst bereits anderen Inhalten zugewandt ist. Die Wissenschaft kann wohl noch der Totengräber der Religion sein, indem sie das, was bereits religiös abgestorben ist, zu ihrem Gegenstande macht und zerlegt; niemals aber ist sie die Todesursache irgendeiner Form der Religion.

Wir sehen in den letzten Jahrhunderten den *Glauben an die Unsterblichkeit* innerhalb der westeuropäischen Zivilisation in wachsendem Sinken begriffen. Was ist der Grund? Viele meinen, es sei das, was sie den «Fortschritt der Wissenschaft» nennen. Die Wissenschaft aber pflegt eben nur der Totengräber – nie die Todesursache eines religiösen Glaubens zu sein. Religionen werden geboren, wachsen und sterben; sie werden *nicht bewiesen und nicht widerlegt.* Es wäre sicher ein großer Irrtum, zu meinen, daß das Sinken des Glaubens an die Unsterblichkeit aus solchen Ursachen resultiere, wie daß Immanuel Kant die Unsterblichkeitsbeweise der rationalistischen Metaphysik des 18. Jahrhunderts als irrig und überflüssig aufdeckte; oder daraus, daß die Gehirnanatomie und Gehirnphysiologie in Verbindung mit der Psychologie eine so geartete Abhängigkeit des seelischen Geschehens vom Nervensystem aufgedeckt habe, daß der Schluß notwendig geworden sei, es höre mit der Zerstörung des Gehins auch das seelische Geschehen auf; oder daß die Psychologie die Einheit und Einfachheit des Ich widerlegt und es als ein teilbares, abnehmendes und wachsendes Komplexionsphänomen von Empfindungen und Trieben aufgedeckt habe, wie Mach in seiner «Analyse der Empfindungen» meint, wenn er sagt, daß mit dem Aufgeben der nach ihm unbegründeten Annahme eines besonderen Icherlebnisses auch die Unsterblichkeit «unrettbar» sei. Dies und tausend ähnliches, was in dieser Richtung als Grund für das Sinken jenes Glaubens angeführt wird, beweist nur die große Zähigkeit des Vorurteils, ein Glaube beruhe auf Beweisen und falle mit Beweisen. Faktisch lassen sich alle auf Beobachtung beruhenden Tatsachen der Abhängigkeitsbeziehungen zwischen seelischen Erlebnissen und Vorgängen des zentralen Nervensystems mit den *verschiedensten* metaphysischen Theorien vom Zusammenhang von Leib und Seele wohl vereinbaren. Die «Tatsachen» erlauben also, sofern man darunter eben jene Beobachtungstatsachen versteht, keinerlei zwingenden Schluß sei es auf die Wahrheit, sei es auf die Falschheit einer dieser metaphysischen Theorien. Man kann sie ebensogut unter die dualistische Voraussetzung bringen, daß die Seele eine selbständige, mit dem Leibe in Wechselwirkung stehende Substanz sei und sich zu ihm wie der Klavierspieler zum Klavier verhalte, wie unter irgendeine der sog. «parallelistischen» Theorien. Neuerdings hat Hugo Münsterberg in seinen «Grundzügen der Psychologie» hierauf eingehend hingewiesen und mit Recht hervorgehoben, daß die Beobachtung, Beschreibung und Erklärung psychischer Tatsachen niemals zur Verifizierung einer dieser Theorien führen könne, immer vielmehr selbst schon eine zu ihrer Voraussetzung habe. Was die philosophischen «Beweise» für das Dasein einer besonderen Seelensubstanz, ihre Einfachheit und Inkorruptibilität betrifft, so waren diese auch vor Kant nur *nachträgliche* Rechtfertigungen eines Gehaltes unmittelbarer Intuition und unreflektierter Lebenserfahrung, für welche ein Bedürfnis erst in dem Maße auftrat, als die Klarheit und Schärfe dieser Intuition verblaßte und jene Lebenserfahrungen mit der Änderung der Lebensrichtung selbst zu anderen Inhalten führen mußten.

Der eindringlichste Beweis für diesen Satz ist, daß es in der Geschichte Kulturstufen gegeben hat und noch gibt, innerhalb deren die Annahme des Fortlebens und der Unsterblichkeit überhaupt nicht in einem besonderen Akte des «Glaubens» gegeben ist, noch weniger aber als eines Beweises bedürftig erscheint, sondern geradezu einen Teil der «natürlichen Weltanschauung» darstellt, gemäß der z. B. heute jeder Mensch vom Dasein der Sonne überzeugt ist. Für das *indische* Volk war vor dem Auftreten Buddhas das Fortleben in der Form der Anschauung eines endlosen «Wanderns» der Seelen und ihres Immer-wieder-Geborenwerdens eine «Überzeugung» solcher Art. Die gewaltige Neuerung Buddhas und seiner Vorgänger bestand darin, daß er die damals unerhörte Behauptung wagte, *es gebe einen Tod*, d. h. es gebe ein Ende, ein Aufhören, wenigstens ein schließliches Aufhören dieses ruhelosen Wanderns der Seelen; es gebe von dieser in der Anschauung des Volkes bis dahin gegenwärtigen endlosen Bewegung eine «Erlösung», ein Eingehen der Seelen in das «Nirwana». So war es *nicht die Unsterblichkeit*, sondern der *Tod*, der im Verlaufe der indischen Geschichte steigend zur Entdeckung und zur Anschauung kam. Die Beweislast war hier also die umgekehrte wie in Europa. Dem «selbstverständlichen» Fortleben und Wandern gegenüber war es das Todessehnen, der immer mächtiger sich durchdringende Wunsch nach einem Ende, der sich schließlich in den Ideen Buddhas vom Nirwana Bahn brach.

Noch heute ist für das japanische Volk das Fortleben der Verstorbenen, ganz unabhängig von den Theorien, die der einzelne besitzt, und von den verschiedenen dortselbst einsässigen Religionen, ein Phänomen, das als eine spür- und fühlbare Erfahrung die ja bloß negative Annahme einer «Unsterblichkeit» erst sekundär begründet. *Wir* glauben, daß wir fortleben, weil wir glauben, daß wir unsterblich sind. Die *Japaner* aber glauben, daß sie unsterblich sind, weil sie das Fortleben und die Wirksamkeit der Fortlebenden zu spüren und zu erfahren meinen. Wenn wir z. B. seitens eines nüchternen und strengen Berichterstatters über den japanisch-russischen Krieg hören, daß ein von seinem Regimente abgeschnittenes Häuflein von japanischen Soldaten, die ihr Regiment in der Ferne gegen eine russische Übermacht im Kampfe liegen sahen, sich selbst den Tod gab, damit sie rascher zu dem weit entfernten Regiment, das bereits der feindlichen Übermacht zu erliegen drohte, hinüberkommen könnten und ihre Seelen wenigstens noch mitkämpfen können; wenn wir hören, daß sich der Japaner vor einem wichtigen Geschäfte am Hausaltar mit seinen Ahnen unterhält, um zu hören, was sie über die Sache denken; wenn wir mitten unter höchst realistischen Nachrichten einer Zeitung und politischen Tagesmeldungen und dergleichen die Mitteilung lesen, der Mikado habe einen vor zwei Monaten verstorbenen General mit dem oder jenem Orden oder Titel geschmückt – so sehen wir aus diesen und tausend ähnlichen Tatsachen, daß die Art, wie hier die Existenz der Verstorbenen den Nachlebenden gegeben ist, eine völlig andere Bewußtseinsform darstellt, als diejenige ist, die in Europa «Glaube an das Fortleben der Verstorbenen» genannt wird. Das ist nicht ein «Glauben» an etwas, ein gläubiges Annehmen dessen, «was man nicht sieht», sondern es ist ein vermeintliches Sehen, ein Fühlen und Spüren des Daseins und der Wirksamkeit der Verstorbenen, eine von allen besonderen Akten pietätvollen Besinnens unabhängige, gleichsam automatisch gegebene *anschauliche Gegenwart* und Wirksamkeit der Toten mitten in der Erledigung der realen Aufgaben, die der Tag und die Geschäfte stellen. Das ist *nicht ein erinnerndes* pietätvolles Zurück- und Hinanbeugen zu ihnen, wie es der Europäer bei Gelegenheit seiner Totenfeste oder sonstiger besonderer feierlicher Anlässe und Momente zu erleben pflegt, sondern es ist ein *immer gegenwärtiges* Umringtsein von den fortlebenden Toten, ein Spüren ihrer Wirksamkeit und ihres Hineinhandelns in die Geschäfte des Tages und in die Geschichte. Die Ahnen gelten hier als das wichtigste historische Agens. Der tiefsinnige Satz Auguste Comtes, daß die

Weltgeschichte in ihrem Verlaufe immer mehr und mehr durch die Toten und immer weniger durch die Lebendigen bestimmt und gelenkt würde, hat hier eine metaphysische Verkörperung im Denken eines ganzen Volkes gefunden. Es ist sehr interessant zu sehen, daß die Aufklärung der letzten Jahrzehnte wohl die mannigfachen dogmatischen Formulierungen und Kultformen, nicht aber den letzten anschaulichen Gehalt dieser zentralsten Anschauung des japanischen Volkes, des sog. Ahnenkultus, zu brechen gewußt hat.

Suchen wir also letzte *Gründe für das Sinken des Glaubens an die Unsterblichkeit* innerhalb der Völker *westeuropäischer* Kultur, so müssen wir unsere Blicke abwenden von allen jenen bloß symptomatischen Erscheinungen seines Sinkens, wie sie in allen bloß wissenschaftlichen Reflexionen darüber gegeben sind. Und wir müssen sie hinwenden auf die prinzipielle Art und Weise, wie gerade der moderne Mensch sein Leben und seinen Tod sich selbst zur Anschauung und zur Erfahrung bringt.

Da ergibt sich nun der auf den ersten Blick merkwürdige Tatbestand, daß es an erster Stelle gar nicht das besondere neue Verhältnis des Menschen zur Frage, ob er nach dem Tode fortexistieren werde und was nach seinem Tode sei, welches Schicksal ihm da widerfahren werde, ist, was für jenes Sinken des Glaubens an das Fortleben bestimmend ist, sondern vielmehr das *Verhältnis des modernen Menschen zum Tode selbst*. Der moderne Mensch glaubt in dem Maße und so weit nicht mehr an ein Fortleben und an eine Überwindung des Todes im Fortleben, als er seinen Tod nicht mehr anschaulich vor sich sieht – als er nicht mehr «angesichts des Todes lebt»; oder schärfer gesagt, als er die fortwährend in unserm Bewußtsein gegenwärtige *intuitive Tatsache*, daß uns der Tod gewiß ist, durch seine Lebensweise und Beschäftigungsart aus der klaren Zone seines Bewußtseins *zurückdrängt*, bis nur ein bloßes *urteils*mäßiges Wissen, er werde sterben, zurückbleibt. Wo aber der Tod selbst in dieser unmittelbaren Form nicht gegeben ist, wo sein Herankommen nur als ein dann und wann auftauchendes urteilsmäßiges Wissen gegeben ist, *da muß auch die Idee einer Überwindung des Todes im Fortleben verblassen*.

Der Typus «moderner Mensch» hält vom Fortleben vor allem darum nicht viel, da er den Kern und das Wesen des Todes im Grunde *leugnet*.

I. Wesen und Erkenntnistheorie des Todes

Um die eben aufgestellte These zu begründen, ist es nötig, einiges über Wesen und die Erkenntnistheorie des Todes voranzuschikken, d. h. auf die Frage einzugehen, was der Tod *sei*, wie er uns *gegeben* sei, und welche Art von *Gewißheit* des Todes wir besitzen.

Es ist gegenwärtig die am meisten verbreitete Vorstellung, daß unser Wissen vom Tode ein bloßes Ergebnis der äußeren, auf Beobachtung und Induktion beruhenden Erfahrung vom Sterben der anderen Menschen und der uns umgebenden Lebewesen sei. Nach dieser Ansicht würde ein Mensch, der niemals mit angesehen oder davon gehört hat, daß nach einer bestimmten Zeit die Organismen aufhören, die ihnen vorher eigenen «Lebensäußerungen von sich zu geben», und schließlich in einen «Leichnam» verwandelt werden und zerfallen, keinerlei Wissen vom Tode und von seinem Tode besitzen. Dieser Vorstellung, welche den Begriff des Todes zu einem rein *empirisch* aus einer Anzahl von Einzelfällen entwickelten Gattungsbegriff macht, müssen wir hier entschieden widersprechen. Ein Mensch wüßte in irgendeiner Form und Weise, daß ihn der Tod ereilen wird, auch wenn er das *einzige* Lebewesen auf Erden wäre; er wüßte es, wenn er niemals andere Lebewesen jene Veränderungen hätte erleiden sehen, die zur Erscheinung des Leichnams führen.

Man kann nun dies vielleicht zugeben, aber dazusetzen, daß es in diesem Falle eben doch auch einzelne Beobachtungen an seinem eigenen Leben sind, die ihm ein Aufhören seiner Lebensprozesse «wahrscheinlich» machen würden: Der Mensch macht die Erfahrungen des «Alterns». Er nimmt auch, abgesehen von den hiermit verbundenen Niedergangserscheinungen seiner Kräfte, in den Erlebnissen der Erkrankung und der Krankheit irgendwie Vorgänge wahr, die in ihrer weiteren Entwicklung ihm die ahnende Vorstellung eines Endes seines Lebensprozesses überhaupt suggerieren müßten. Oft zwingt ihn ein starkes Gefühl dazu, aus dem Sinn- und Zweckzusammenhang seines Wachlebens hinunterzusteigen in Schlaf und Traum; er muß es, obgleich er dabei die Hälfte seines Lebens verliert. Er braucht gleichsam nur die Richtung der Kurve, die ihm jede dieser Erfahrungen des Alterns, der Krankheit, des Schlafes gibt, auszuziehen, um an ihrem Endpunkte gleichsam die Idee des Todes zu finden. Aber auch diese Vorstellung genügt nicht, das Problem zu lösen. Denn woher wüßte der Mensch, daß diese Kurve nicht grenzenlos in diesem Rhythmus weitergehe? Nicht erst in der Beobachtung und der vergleichenden Erinnerung verschiedener Lebensphasen, hinzugenommen ein solches künstliches Vorwegnehmen der «wahrscheinlichen» Beendigung, liegt das Material zu jener Gewißheit, sondern sie liegt schon in *jeder* noch so kleinen «Lebensphase» und ihrer Erfahrungs*struktur*. Gewiß, der Mensch braucht sich keinen besonderen «Begriff» vom Tode gebildet zu haben. Auch enthält dieses «Wissen» nichts von den seelischen und körperlichen Begleiterscheinungen, die dem Tode vorangehen, nichts von all den möglichen Realisierungsarten des Todes, nichts von Ursachen und Wirkungen. Aber trennt man nur «die Idee und das Wesen» des Todes selbst scharf von all jenen in der Tat nur durch die Erfahrung zu vermittelnden Kenntnissen, so wird man finden, daß diese Idee zu den *konstitutiven* Elementen nicht nur unseres, ja alles vitalen Bewußtseins selbst gehört. Und zwar gehört sie zu jenen einer isolierten Anschauung besonders schwierig zugänglichen Grundelementen der Erfahrung, die für unsere Reflexion als etwas Besonderes erst herausspringen, wenn wir sie durch eine Art Gedankenexperiment wegzudenken versuchen oder ganz besonders begründete Ausfallserscheinungen ihrer durch Verdrängung bemerken. Vergleichen wir dann – nach Vollzug dieses Gedankenexperiments oder nach der Betrachtung eines Bewußtseins mit solcher Ausfallserscheinung – den Rest unserer Erfahrung mit dem Gehalte der vorher bestehenden naiven resp. normalen Erfahrung, so bemerken wir mit einer eigenartigen Differenz beider auch das *Plus an Anschauungsgehalt*, das jene naive Erfahrung enthielt.

Auf diese Weise vermag die intuitive Philosophie sehr mannigfache Elemente z. B. schon einer elementaren, gewöhnlichen Wahrnehmung aufzuweisen, die von den älteren sensualistischen und rationalistischen Wahrnehmungstheorien gemeinhin völlig übersehen wurden. So sehen wir deutlich, daß uns in einem Dinge der natürlichen Wahrnehmung weit *mehr* gegeben ist als eine Komplexion von Sinnesempfindungen und deren Verknüpfung und einer darauf gebauten Erwartungsintention, unter gewissen wechselnden Bedingungen neue Empfindungen zu erleben – wenn wir sehen, daß der hier bezeichnete Tatbestand im Grunde nur bei pathologischen Ausfallserscheinungen vorliegt, wo der Betreffende z. B. das Ding nur wie ein hohles, unwirkliches Gehäuse erblickt; und wo er nicht – wie der Normale – darum erwartet, die andere

Seite des Dinges im Herumgehen zu sehen, weil er das Ding für wirklich hält (mit Einschluß seiner anderen Seite), sondern auch schon die Existenz der anderen Seite ihm zum Inhalt einer bloßen Erwartung wird. Denken wir uns die immer mit wahrgenommene «materielle Substanz» einer Kugel plötzlich vernichtet, so ist gewiß, wie Mill und Berkeley sagen, weder mit der Setzung, noch der gedanklichen Aufhebung einer solchen Substanz irgendeine Variation in dem sinnlichen Gehalte unserer Wahrnehmung verknüpft, wohl aber eine Variation in unserer Erfahrung. Denn faktisch finden wir an der dann resultierenden Erscheinung eines gleichsam haltlosen «Flatterns» der noch gegebenen Farben und Formen, sie mit dem Gehalte unserer naiven Wehrnehmung vergleichend, sofort jenes *Plus* an Gehalt heraus, das in der naiven Wahrnehmung steckt und das eben die Grundtatsache für den Begriff einer materiellen Substanz ausmacht. Analog lehren uns etwa die Tatsachen der Seelenblindheit, bei der alle Empfindungen, ja sogar Gedächtnisvorstellungen vorhanden sein können, die sich auch bei einer gewöhnlichen Wahrnehmung, z. B. eines Messers, einstellen – so daß der Kranke auch noch durch Urteile und Schlüsse feststellen kann, es sei, was er sieht, «ein Messer» –, daß die normale Wahrnehmung eines Messers ein *Plus* enthält, d. h. einen unmittelbar und insofern anschaulich gegebenen Bedeutungsgehalt des Gesehenen, der nicht auf subsumierende Urteile oder auf Schlüsse sich gründet.

Zwei Fragen drängen sich hier auf: Welches Wissen von seinem *eigenen* Tode besitzt jeder von uns? Als was stellt sich das Wesen des Todes dar in der *äußeren* Erfahrung, die wir von irgendwelchen Lebenserscheinungen machen? Eine volle Beantwortung dieser Fragen würde die ganze Philosophie des organischen Lebens voraussetzen. Hier ist es nur möglich, einige besonders wichtige Gesichtspunkte für ihre Beantwortung scharf hervortreten zu lassen.

Das, was wir «Leben» im biologischen Sinne nennen, stellt sich uns als ein und derselbe Tatbestand auf *zwei* Weisen dar: als eine Gruppe eigenartiger *Form- und Bewegungsphänomene in der äußeren Wahrnehmung* von Menschen, Tieren, Pflanzen, *und* als ein in einer besonderen *Bewußtseinsart* gegebener *Prozeß*, der an einer wesenhaft «gegenwärtigen» Konstante, dem in einer eigentümlichen Bewußtseinsart gegebenen «Leibe» als dem Hintergrund für alle sog. Organempfindungen, vorüberfließt. Auf diese letztere Tatsache wenden wir zuerst den Blick.

Was immer dieser Prozeß enthalte, wie lange er – in der objektiven Zeit – währe: Er besitzt in diesem unteilbaren Momente seines Abflusses eine eigentümliche Form und *Struktur*, die zu seinem *Wesen* gehört. Die eben darum nicht nur für den Menschen und alle irdischen Lebewesen, sondern für alle möglichen Lebewesen überhaupt dieselbe sein muß. Alles kommt darauf an, diese Struktur aus allem individuellen Beiwerk richtig herauszusehen und zu sehen, ob nicht das *Wesen des Todes bereits in ihr enthalten* ist. Ist dies, so steht der Tod nicht erst am Ende des Prozesses, sondern am Ende steht dann nur die mehr oder weniger *zufällige Realisierung* dieses «Wesens» «Tod». Am Ende steht also nicht das reine Was des Todes selbst, sondern nur sein zufälliges Gestorbenwerden, seine Verwirklichung von diesem oder jenem Individuum. Wäre dies, so dürften wir sagen: Der Tod ist ein *Apriori* für alle beobachtende, induktive Erfahrung von dem wechselnden Gehalt eines jeden realen Lebensprozesses.

Die Struktur jeder beliebigen (punktuellen) Phase des kontinuierlichen Lebensprozesses und des inneren Bewußtseins von ihm enthält nun *drei* eigenartige *Erstreckungen* des in der Phase vorfindbaren Gehalts – diese Erstreckungen heißen: *unmittelbares* Gegenwärtigsein, Vergangensein und Zukünftigsein von etwas: X, Y, Z (Inhalt variabel) – und in ihnen drei entsprechende qualitativ verschiedene *Aktarten*, in denen diese X, Y, Z gegeben sind: *unmittelbares* Wahrnehmen, unmittelbares Erinnern und unmittelbares Erwarten. In jeder möglichen Auffassung von einem Dinge, einem Vorgang, einer Bewegung, einer Veränderung der Natur, aber auch in jeder inneren Erfahrung von einem sog. psychischen Erlebnis sind diese drei Erstreckungen und die zu ihnen gehörigen Akte enthalten. Sie sind völlig verschieden von aller *mittel*baren Wahrnehmung, Erinnerung und Erwartung durch Schluß oder vermittelnde Reproduktion und Assoziation. Daß wir Vergangenheit haben, daß wir Zukunft haben, das wird nicht erschlossen oder nur auf Grund symbolischer Funktionen sog. «Erwartungsbilder» oder «Erinnerungsbilder», die primär in dem «Gegenwärtigsein» enthalten wären, bloß geurteilt; sondern wir erleben und sehen in jedem unteilbaren Moment unseres Lebensprozesses «etwas enteilen» und «etwas herankommen». Ferner: Sowohl der Gehalt der unmittelbaren Erinnerung als jener der unmittelbaren Erwartung ist als *wirksam* auf unser gegenwärtiges Erleben (nicht als Vorstellung voraus) gegeben.

Aber beachten wir genau das Verhältnis dieser Struktur zur *objektiven Zeit*, in die wir die *toten* Dinge und Geschehnisse – zunächst – verlegen, und welche Mechanik definiert und Astronomie und Lichtlehre mit Hilfe des Raumes mißt: In dieser Zeit findet sich nichts von dieser Struktur des lebendigen Seins. Ihre Dramatik gibt es nicht – man erlaube das Bild – im Epos der objektiven Zeit. Bei einer mechanischen Gleichung hat es keinen Sinn festzustellen, ob sie in Vergangenheit oder Zukunft liegt. Versetzen wir ferner den Körper eines Lebewesens (Leib), wie wir es tun müssen, selbst wieder in die objektive Zeit, so verteilt sich nicht etwa der Gehalt im Vergangensein, Zukünftigsein und Gegenwärtigsein auf eine Mehrheit objektiver Teile der objektiven Zeit, sondern in *jedem* unteilbaren Zeitpunkt ist ein so verteilter *Gesamt*gehalt vorhanden: G (Gesamtgehalt) = V + G + Z. Jeder dieser Teile des Gehalts hat nun aber einen Umfang (V hat U, G hat U_1, Z hat U_2). In diese «Umfänge» verteilt sich der jeweilige Gesamtumfang G des in jedem Moment der objektiven Zeit Erlebten. Dieser «Gesamtumfang» nimmt mit der Entwicklung des Menschen zu. Der Blick reiner Anschauung umfaßt in jedem Augenblick diesen wachsenden Gesamtumfang G und seinen wechselnden Gehalt.

Dieser Gesamtumfang aber ist es, der mit dem objektiven Fortschreiten des Lebensprozesses in einer charakteristischen *Richtung* sich *neu verteilt*, welche Richtung wiederum ein spezifisches Erlebnisdatum darstellt. Der Umfang des Gehalts in der Erstreckung der Vergangenheit V und die erlebte, unmittelbare Nachwirksamkeit dieses Vergangenheitsgehalts *wächst* und wächst, während zugleich der Umfang des Gehalts in der Erstreckung der unmittelbaren Zukunft Z und die Vorwirksamkeit dieses Gehalts *abnimmt* und abnimmt. Der Umfang des Gegenwärtigseins aber zwischen beiden Umfängen wird immer stärker sozusagen «zusammengepreßt». Mit der Menge des in jedem Augenblick als gelebt gegebenen Lebens und seiner Nachwirksamkeit *vermindert* sich also die Menge des Erlebenkönnens, wie es in der unmittelbaren Lebenserwartung vorliegt. Die Umfänge des phänomenalen Gegenwärtigseins werden dabei von objektivem Zeitpunkt zu Zeitpunkt kleiner und kleiner, wie immer auch der Gesamtgehalt wachse – klar an besonders merkbaren Phasenunterschieden: Für das Kind ist die Gegenwart eine breite und helle Fläche des buntesten Seins. Aber diese Fläche nimmt mit jedem Fortschritt des Lebensprozesses ab. Sie wird enger und enger, immer gepreßter und gepreßter zwischen Nachwirksamkeit und Vorwirksamkeit. Für den Jüngling und Knaben steht seine erlebte Zukunft da wie ein breiter, heller, ins Unabsehbare sich erstreckender glänzender Gang, ein ungeheurer Spielraum in der Erlebnisform «Erlebenkönnen», in den Wunsch, Verlangen, Phantasie tausend Gestalten malt. Aber mit jedem Stück Leben, das gelebt ist und als gelebt in seiner unmittelbaren Nachwirkung gegeben ist, *verengert* sich fühlbar dieser *Spielraum* des noch erlebbaren Lebens. Der Spielraum seines Leben-könnens nimmt ab an Reichtum und Fülle, und der Druck der unmittelbaren Nachwirksamkeit wird *größer*. Das ist der Grund, warum, ganz jenseits logischer Argumente für oder gegen ihn, der *Determinismus* dem Alter – nach Windelbands treffendem Worte – so viel näher liegt als die *Freiheitslehre*. Und eben das meint Henri Bergson, wenn er in seinen Untersuchungen zur Philosophie der Biologie zu dem wenig verständlichen Bilde greift, die Vergangenheit beiße gleichsam auf die Zukunft immer stärker ein.

Nehmen wir nun zusammen, vereinigen wir in der Einheit eines Blickes das Aufgewiesene. Wir gehen nicht heraus aus einem einzigen Lebensmoment innerhalb der objektiven Zeit – der nur nicht Geburt und Tod sein darf –, wir vergleichen nichts und induzieren nichts; wir halten uns nur an die Struktur. Dann sehen wir in jedem solchen Moment auch noch die *Richtungstendenz des Wechsels* der Umfangsverhältnisse der Erstreckungen eines wachsenden Gesamtumfangs G von Leben. Und diese Richtung ist stetige *Aufzehrung* des erlebbaren, als zukünftig gegebenen Lebens durch gelebtes Leben und seine Nachwirksamkeit. Die Richtung ist also Wachstum des Umfanges des Vergangenseins auf Kosten des Umfangs von Zukünftigsein und ein steigendes Differenzbewußtsein dieser beiden Umfänge zugunsten des Vergangenseinsumfangs. In dieser Wesensstruktur jedes erfahrenen Lebensmoments ist es nun das Richtungserlebnis dieses Wechsels, das auch *Erlebnis der Todesrichtung* genannt werden kann. Auch wenn wir weder durch äußere Wahrnehmung unserer Runzeln und weißen Haare, noch durch die Veränderung unseres Lebensbefühls, z. B. Anästhesie, unser Altern bemerkten, so wären wir durch dieses Erlebnis seiner gewiß. Denn das ist klar: Ist die Gesamtmenge des jeweils gegebenen Lebens so verteilt, daß der Umfang der Zukunftserstreckung zu null wird, so wäre das Sterben des natürlichen Todes eben damit gegeben. Und daß es diesen Fall gibt, das eben liegt in diesem Richtungserlebnis wesensnotwendig. Es liegt wesensnotwendig in jeder möglichen Erfahrung vom eigenen Leben – ganz unabhängig von der Organisation des Erlebenden und von allem Inhalt und aller sonstigen Gliederung dieses Prozesses in Phasen, wie beim Menschen Kindheit, Pubertät, Aufstieg, Abstieg, die von Art zu Art, ja hinsichtlich der Zeitlage und -länge von Rasse zu Rasse des Menschen wechseln. Und ebenso unabhängig ist diese Erfahrung von Hoffen und Fürchten des Todes – unabhängig auch von Lebenstrieb und Todestrieb.

Auch das ist klar: Mag die Schwelle des Bemerkens für dieses Erlebnis der Todesrichtung wie immer liegen, und mag es uns subjektiv und für unsere urteilsmäßige Erkenntnis erst durch Vergleich weiter auseinanderliegender Phasen des Lebensprozesses klar werden – das Erlebnis ist immer da; und die stetige faktische Änderung der Differenz, deren Richtung schon in jedem unteilbaren Moment steckt, ist das Grundphänomen des Alterns, das *Wesen «Altern»*, das für die tote Welt nicht existiert – und das irgendwie gegeben für alle Fragen nach den *Ursachen* des Alterns und seinen Erscheinungsweisen vorausgesetzt ist.

Es braucht kaum gesagt zu werden, daß das Altern etwas anderes ist als bloße *Fortdauer* eines Dinges *in der objektiven Zeit*. Die toten Dinge «altern» nicht im strengen Sinne, und wenn wir vom Alter der Erde reden, vom Alter eines Hauses oder eines «verwitterten Felsens», so fassen wir sie selbst unwillkürlich als mehr oder weniger lebendig oder auf vitale Werte bezogen auf. Geben wir das Alter eines Menschen in Zahlen an, so hat diese künstliche Altersangabe, wie ich sie nennen darf, mit seinem *natürlichen Alter* sehr wenig zu tun. Denn sein natürliches Alter, das ist doch allein der Bruchteil seines Lebens, den er im Verhältnis zu dem ihm zukommenden natürlichen Tod, der nach der wechselnden «Gesamtwucht» der Vitalität eines Menschen an Zahl der Jahre mehr oder weniger hinausgeschoben sein kann, bereits gelebt hat. Wie jede Art eine sehr verschiedene natürliche Altersgrenze hat, die durchaus nicht mit dem bloßen Durchschnitt des Lebensalters zusammenfällt, so hat auch jedes Individuum eine ihm zukommende Grenze und damit *seinen natürlichen Tod* (bei optimalen Lebensbedingungen). Wie es alte Eintagsfliegen gibt und junge Elefanten, die ganz verschiedene Dauern der objektiven Zeit durchleben, sieben Stunden bis zu hundert Jahren, so gibt es kleine Differenzen auch zwischen den Individuen einer Art, z. B. des Menschen. Das macht es auch begreiflich, daß wir sinnvoll von jemand sagen können: er ist weit jünger, als es seinem Alter (gemeint ist das künstliche Alter) zukommt, oder: er ist für seine Jahre schon sehr stark gealtert.

Denken wir uns nun einen Menschen, der keinerlei Wissen von seinem Geburtstage hätte und der Zahl der Jahre seines bisherigen Lebens. Nehmen wir in einem Gedankenexperiment an, er sehe nicht, daß sich äußere Zeichen seines Alterns einstellten; ja, denken wir – und partiell kommt dies zuweilen vor –, er sei gegen alle Organempfindungen anästhetisch, also auch gegen Komplexe wie die Empfindung der Ermüdung; er sei nie krank gewesen. Ich frage: Hätte dieser Mensch dann keinerlei Bewußtsein von seinem Alter? Ich antworte: Ja; er besäße, obzwar keinerlei Maß mehr für sein Alter, doch ein Bewußtsein von ihm: er besäße es *im Gefühl von seinem Leben* und dessen Wucht – ein Gefühl, das keineswegs mit seinen wechselnden Organempfindungen und deren Summe zusammenfällt – verbunden einerseits mit der erlebten Todesrichtung und andererseits dem Sphärenverhältnis, das jeweilig zwischen seiner so unmittelbaren Erinnerungs- und Erwartungssphäre besteht. Und dieses so erlebte natürliche Alter, sein Alter – das allein ist die letzte *intuitive* Grundlage für den Begriff des «Alters» überhaupt. Es ist nichts Relatives wie jedes begriffliche Maß des Alters, es ist etwas Absolutes, das alle auf Alterskriterien und auf objektivem Zeitmaße beruhenden Altersbestimmungen als ihre letzte Erfüllung *voraussetzen*. So also hat jeder im strengsten Sinne seinen natürlichen Tod und sein natürliches Alter, unabhängig von der Besonderheit der Umgebungsbedingungen, die seine faktischen Alterserscheinungen und seinen faktischen Tod mitbedingen.

Der Tod ist also nicht ein bloß empirischer Bestandteil unserer Erfahrung, sondern es gehört zum *Wesen* der Erfahrung jedes Lebens, und auch unseres eigenen, daß sie die Richtung auf den Tod hat. Der Tod gehört zur Form und zur Struktur, in der uns allein jegliches Leben gegeben ist, unser eigenes wie jedes andere, und dies *von innen und von außen*. Er ist nicht ein Rahmen, der zufällig zu dem Bilde einzelner psychischer oder physiologischer Prozesse hinzukommt, sondern ein Rahmen, der zu dem Bilde selbst gehört und ohne den es nicht das Bild eines *Lebens* wäre. Nehmen wir in der Form eines Gedankenexperiments die *intuitive Todesgewißheit* aus einer beliebigen Phase unseres Lebens heraus, so ergäbe sich sofort eine Haltung gegenüber aller Zukunft, die mit unserer wirklichen Haltung keinerlei Ähnlichkeit mehr hat. Wir würden dann unser eigenes Leben vor uns sehen wie einen immer weiter und weiter gehenden, seiner Natur nach ungeschlossenen Prozeß; und jedes unserer empirischen Erlebnisse würde mit diesem Perspektivenmangel unserer Erwartungssphäre *anders* aussehen, und jedes Verhalten unsererseits wäre in diesem Falle ein anderes, als es tatsächlich ist. Ein Prozeß solcher Art vermöchte aber auch in der äußeren Erfahrung nicht die Einheit und Totalität darzustellen, ohne die uns keinerlei Sinneserfahrung und Beobachtung von Farben, Linien, Formen das Zeichen eines Lebensprozesses zu werden vermag. Ein Prozeß solcher Art müßte sich mit allen anderen Prozessen um ihn herum kontinuierlich vermischen und würde sich niemals als eben jene Dauereinheit heraussondern, die zur Natur eines Lebensprozesses gehört. So aber erleben wir *nicht* unser und fremdes Leben, ja wir können uns kaum darin hineindenken, daß wir es auch nur eine Minute lang so erlebten. Unser Leben ist uns vielmehr innerlich in jedem Zeitpunkt als eine *geschlossene Totalität* gegenwärtig, auf deren Hintergrund alle besonderen Erlebnisse und Schicksale erscheinen. Und selbst unabhängig vom Altern ist uns, wenn auch nicht der Zeitpunkt und die Art seines Endes, so doch dieses Ende selbst gegenwärtig. Genau so wie uns die Wirklichkeit des Universums als eines *Ganzen* fortwährend gegenwärtig ist, wie minimal auch das Stück sei, das wir gegenwärtig von der Welt sinnlich wahrnehmen. Und wie dieses einheitliche Welt- und Wirklichkeitsbewußtsein niemals auf eine bloß nachträgliche «Verbindung» jener einzelnen Wahrnehmungsinhalte zurückzuführen ist, sondern für jede Wahrnehmung den anschaulichen Hintergrund bildet, genau so erscheint uns jede Lebenserfahrung, die wir an uns selbst machen, auf dem Hintergrunde einer zeitlich nach vorn und hinten geschlossenen Lebenseinheit, die uns als solche in jedem Erlebnis gegenwärtig ist.

Nur darauf beruht es, daß der Tod als solcher uns von Hause aus *nicht* entgegentreten kann als eine *zufällige* Erfahrung, als etwas, an das wir gleichsam bloß zufällig anrennen wie an eine Wand, an die wir im Dunkeln schreitend stoßen. Wenn also für gewisse historische Zeiten der Tod wirklich in ähnlicher Weise gegeben erscheint, so ist für diesen Fall diese Tatsache nicht etwas in der Natur des Bewußtseins Gelegenes. Sondern sie beruht auf einer *besonderen Ursache*, die jene natürliche Todesgewißheit für die Aufmerksamkeit und das Urteil *verdrängt*. Wäre der Tod aber von Hause aus nicht anders denn als eine solche «Wand» gegeben, bestünde er nur in einem Zerschmettertwerden des Lebewesens durch äußere lebensschädliche Reize und ihre Nachwirkungen, so könnte man überhaupt nicht sagen, er sei für jeden selbst eine erfahrbare Tatsache. Dann gälte wirklich jene kluge dialektische Wendung des Prodikos und Epikur: «Wie soll ich den Tod fürchten? Ist doch, wenn ich bin, der Tod nicht, und bin doch, wenn der Tod ist, ich nicht.» Dialektisch ist diese berühmte Formel ebendeswegen, weil der Tod nicht etwa bloß auf Grund der Erfahrung, die wir an anderen Lebewesen machen, induktiv als wahrscheinlich vorausgesehen wird, sondern darum, weil er ein notwendiger und evidenter Bestandteil in jeder möglichen inneren Erfahrung des Lebensprozesses ist.

Gehen wir nun zur *äußeren* Erfahrung des Todes, die wir an fremden Lebewesen machen. Auch hier besteht die Erscheinung nie in einem solchen Anrennen. Das Todesphänomen mag sich wohl einstellen auf Grund der Wirkung solcher zerstörender Ursachen, so wie es bei jedem auch schon äußerlich als «katastrophal» erscheinenden Tode möglich ist, wie wenn jemand erschossen oder vom Blitze getroffen wird. In ihm selbst aber liegt es notwendig, daß die Grenze, die der Lebensprozeß durch den Tod gesetzt erhielt, immer *durch den Lebensprozeß selbst* irgendwie als gesetzt gegeben ist.

Jede lebendige Form scheidet sich als räumliche Form von allen toten Formen dadurch, daß ihre Grenzen gegen die Außenwelt und das Veränderungsgesetz dieser Grenzen in Wachstum und sonstigen Bewegungen niemals bloß durch die gleichzeitigen Veränderungen und Bewegungen der Umwelt und deren Wirkungen auf den Organismus eindeutig bestimmt erscheinen. Dadurch allein können wir Lebendiges und Totes scheiden. Das sagt uns nicht Beobachtung, sondern nur solche Dinge nennen wir «lebendig», wo wir diesen Tatbestand erschauen. Ein Teil unserer Umwelt *hat* Umwelt. Auch im Unterschiede von den Kristallen (auch noch von den sog. scheinlebendigen), die gleichfalls eine bewegliche flüssige Eigenform besitzen, d. h. eine von außen nicht erst bedingte und gesetzte Form haben, hat die Lebensform eine außerdem aus sich, d. h. aus einem in der Anschauung gegebenen und unlokalisierbaren Zentrum heraus bewegliche Eigenform. Genau so aber hat das Lebewesen auch eine ihm wesentliche Formeinheit in der Zeit, eine aus einer Totalität quellende Eigenform ist. Der Tod ist daher nicht ein bloß relatives Vergehen einer Sache, d. h. ein «Vergehen», das wie in der gesamten anorganischen Natur immer nur relativ ist zu dem «Entstehen» eines anderen. Derselbe anorganische Prozeß kann je nach den Einschnitten, die wir künstlich und zufällig mit unserem Verstande in die objektive Kontinuität des Prozesses machen, bald als «Vergehen» und bald als «Entstehen» gefaßt werden. Eben diese Tatsache drücken die verschiedenen Erhaltungsprinzipien aus. Der Tod aber stellt sich als ein *absolutes Vergehen* von etwas dar, das in keiner Weise als das Entstehen von etwas anderem betrachtet werden kann. Wir sagen daher:

Das Sterben des Todes ist noch irgendwie eine Tat, ein *Actus des Lebewesens selbst.* «Seinen Tod sterben» ist noch ein Actus, der in die Reihe der Lebensakte mit hineingehört, wie immer auch dieser Actus durch äußere Ursachen katastrophaler Natur ausgelöst sein mag. Merkwürdig genug, daß diese einfache, große intuitive Tatsache, daß jeder Tod in einem letzten Actus des Lebens gestorben werden muß, von niemand Geringerem als von Goethe wiederholt energisch hervorgehoben worden ist. In einem Gespräch mit Falk im Jahre 1813 macht Goethe zuerst eingehende Ausführungen, daß der Tod niemals als bloßes Überwältigtwerden vorgestellt werden könne, daß es zum Wesen des Todes gehöre, daß das Lebewesen selbst den Actus des Sterbens vollziehe. «Wie», fällt ihm hier Falk verwundert ins Wort, «sprechen Sie doch vom Sterben, als ob es ein Akt von Selbständigkeit wäre.» Goethe antwortet: «Der Moment des Todes . . . ist eben da, wo die regierende Hauptmonas alle ihre bisherigen Untergebenen ihres treuen Dienstes entläßt. Wie das Entstehen, so betrachte ich auch das Vergehen als einen selbständigen Akt dieser nach ihrem eigentlichen Wesen uns völlig unbekannten Hauptmonas.» Selbstverständlich tritt dieser Akt streng gesetzmäßig und nicht willkürlich ein, und selbstverständlich hat dieser Akt mit Willensakten nicht das mindeste zu tun. Stellen wir zu Goethe noch den philosophisch bewußtesten der großen Biologen, Karl Ernst v. Baer; er definiert häufig geradezu: Lebewesen heißen solche Dinge, die sterben können. Man kann noch ein wenig schärfer sagen: Lebewesen sind Dinge, die *absolut* entstehen und vergehen – nicht bloß, wie tote, relativ auf ein betrachtendes Subjekt.

Eine tiefere phänomenologische Untersuchung vermöchte zu zeigen, daß diese Tatsache schon im *Phänomen* einer Vitalbewegung überhaupt liegt, gleichgültig, ob es sich um eine wirkliche Lebensbewegung oder um eine scheinbare, z. B. einen Springbrunnen, handelt. Ich kann hier nur andeuten: In jeder Lebensbewegung ist Orts- oder Formveränderung unmittelbar gegeben als das Folgesein einer *Tendenz* und jede eintretende Ruhe als Folge des Nachlassens einer Tendenz; jedes Fortrücken eines Punktes als Erfüllung der Tendenz. Umgekehrt das Phänomen der toten Bewegung. Treffend hob der Physiker Volkmann hervor, daß die gesamte irrige Mechanik des Platon, der eine Selbstaufzehrung der toten Bewegung – im Gegensatz zu Galileis Prinzip – annahm und geradezu von einem Ersterben der Bewegung des bewegten Steins redet, noch mehr die des Aristoteles, der alle, auch die tote Bewegung als «Realisierung einer Tendenz» definiert und Bewegung «nach oben» und «nach unten» (dem «natürlichen Ort») scheidet, darauf beruht, daß sie die tote Bewegung nach Analogie der Vitalbewegung begriffen. Daß das seit Descartes bestehende Prinzip, umgekehrt die vitale Bewegung als bloße Ortsveränderung begreifen zu wollen nach Analogie der toten Bewegung, nicht minder irrig ist als die einseitige organologische Naturanschauung der Alten, das wird die Zukunft lehren.

Es ist rührend zu sehen, in welchen tausend Formen sich im Laufe der Geschichte des Menschen die Entdeckung des Todesphänomens als des absoluten Vergehens vollzog. Ich führe von den tausend Zeugnissen nur eines an[1]. Die Dinka am oberen Nil singen die (von Mitterrutzner übersetzte) Weise:

Am Tage, als Gott alle Dinge erschaffen,
    hat er die Sonne erschaffen.
Und die Sonne geht auf und geht unter und kehret wieder;
    hat er den Mond erschaffen.
Und der Mond geht auf und geht unter und kehret wieder;
    hat er die Sterne erschaffen.
Und die Sterne gehen auf und gehen unter und kehren wieder;
    hat er den Menschen erschaffen.
Und der Mensch kommt hervor, geht in die Erde
    und *kehrt nicht wieder.*

Wie also in der äußeren Erfahrung das Todesphänomen völlig unabhängig von der besonderen Natur der Organismen eine eigene Art des Aufhörens darstellt, so ist auch für das Bewußtsein der Tod

---

[1] Vgl. Leo Frobenius: «Die Weltanschauung der Naturvölker», Weimar 1898.

mit einer mit allem Erfahrungswissen unvergleichlichen Art gegeben. Der wirkliche Tod stellt sich immer nur als eine nach Zeitpunkt und Art ihres Eintretens unvorhergesehene Bestätigung einer *intuitiven Gewißheit* dar, die ein Element alles Erlebens ist. In der Form dieser Gewißheit steht der Tod nicht am realen Ende des Lebens, oder wäre nur eine auf die Erfahrung an anderen Wesen gegründete Erwartung dieses Endes, sondern er begleitet das ganze Leben als ein Bestandteil *aller* seiner Momente. Diese intuitive Todesgewißheit selbst ist ganz verschieden von dem Gefühl der Todesnähe oder einem Vorfühlen des Todes, wie es bei vielen Krankheiten eintritt, und hat auch nichts damit zu tun, ob uns in ihr der Tod als erwünscht gegeben ist oder als Gegenstand der Furcht und der Angst. Das alles sind ja nur ganz besondere zufällige und wechselnde Inhalte der Lebenserfahrung verschiedener Individuen, die sich immer bereits auf bestimmte Zeitpunkte mit besonderen Realisierungsformen des Todes beziehen und jener Idee gegenüber mannigfach wechselnde Verhaltensweisen darstellen. Jene *intuitive Todesgewißheit* selbst liegt sehr viel tiefer als solche Regungen und ist als solche überhaupt nicht von irgendwelchen Affekten begleitet. Ob Liebe und Sehnen, ob Furcht oder Angst, ob Entsetzen oder ruhiges Erwarten es ist, mit dem wir auf den Tod reagieren, ob wir mehr unter dem Eindruck der Vergänglichkeit und Flüchtigkeit oder der Daseinsfülle und Daseinsbreite das Ganze unseres Lebens auffassen, das alles ist hier sekundär und hängt von der besonderen Organisation und der Geschichte der betreffenden Menschen ab. Soweit wir allem Lebendigen überhaupt eine Bewußtseinsform zuschreiben müssen – und ich glaube mit Jennings, daß dies notwendig sei –, soweit müssen wir ihm auch irgendeine Art der intuitiven Todesgewißheit zuschreiben.

Ist nun die Todesgewißheit ein konstantes Element jeder Lebenserfahrung, so besteht doch darin eine große Variationsbreite, welches Maß von Klarheit und Deutlichkeit die Idee des Todes für die Menschen gewinnt, und welches Maß von Interesse und Aufmerksamkeit sie diesem Inhalte zulenken. Es gibt also ganz verschiedene Arten und Grade für die Rolle, die die Idee des Todes bei Menschen, Gruppen, Zeiten *faktisch* spielt, und unendlich verschiedene Arten der Deutung und der Auffassung des Todesphänomens; in ihnen aber wieder wechselnde Verhaltensweisen wie Furcht und ruhige Erwartung, Ergebung. Vor allem aber gibt es weitgehende *Verdunkelungen und Erhellungen* dieses Wissens vom Tode – und dies auch für das Gesamtbewußtsein von historischen Epochen. Wenn somit die Todesevidenz ein konstitutives Element der Lebenserfahrung ist, so kann das faktisch vorgefundene Fehlen nicht einfach eine zufällige Ausfallserscheinung sein. Wo wir einen solchen Mangel antreffen, da muß vielmehr eine positive Ursache vorliegen für die Verdunkelung dieser Gewißheit. Eine solche Ursache aber ist die *Verdrängung* der Todesidee, welche wieder aus einem Nicht-Herrwerden über diesen Gedanken, aus einem Sich-nicht-abfinden-Können mit dem Tode hervorgeht.

Bei dieser Verdrängung müssen aber *zwei Arten* unterschieden werden. Es gibt eine Verdrängung der Todesidee, die bis zu einem gewissen Maße eine *allgemeine und normale* Erscheinung der menschlichen Natur darstellt. Und diese Erscheinung ist zweifellos von hoher vitaler Zweckmäßigkeit. Nur durch die Zurückdrängung der Todesidee aus der Zone des klaren Beachtungsbewußtseins wächst den einzelnen Nützlichkeitsaktionen des Menschen jener «Ernst» und jene Gewichtigkeit und Bedeutsamkeit zu, die ihnen fehlten, wenn der Todesgedanke uns immer klar und deutlich im Bewußtsein gegenwärtig wäre. Wir würden unsere Geschäfte des Tages, unsere Arbeit, unsere irdischen Sorgen und damit auch alles, was der Erhaltung und der Förderung unseres Individuallebens dient, sicherlich nicht so blutig ernst und wichtig nehmen – sicher grotesk wirkend auf einen objektiven, z. B. göttlichen Zuschauer –, wäre uns immer gegenwärtig der Tod und die Kürze der Zeit, die wir hier zu weilen haben. Auch das scheint die Erfahrung zu zeigen, daß im allgemeinen die Tendenz zu dieser Verdrängung in dem Maße zunimmt, als wir uns dem Tode faktisch annähern. Es ist aufs äußerste verwunderlich, wie sich die Menschen in dem Maße, als sie älter werden, vor der Idee ihres nahen Endes sträuben; freilich nur bis zu einem gewissen kritischen Punkt, wo, wie Metschnikoff vor einigen Jahren zeigte, an Stelle des Lebensinstinktes ein echter Todesinstinkt – nicht -«wille» – einsetzt. Man kann also nicht annehmen, daß es sich angesichts der geringen Rolle, die der klare, volle Todesgedanke auch im normalen Leben spielt, um eine gewöhnliche Form von Erinnerungsdefekt oder Nichtbeachtung von Ereignissen handelt, die wir auf Grund unserer Erfahrung erwarten dürfen. Denn ermißt man gleichzeitig die ungeheure Gewalt, mit der jedes Wesen, solange der Lebenstrieb da ist, ins Dasein drängt und an seinem Leben festhält, die Kürze des Lebens und die absolute, unumstößliche Gewißheit des Eintreffens des Todes, die mit jeder anderen auf zukünftige Ereignisse bezogenen Gewißheit ganz unvergleichbar ist, ermißt man die intensive Furchtreaktion, die mit der Klarheit der Todesidee, solange der Lebenstrieb da ist, wächst, so ist in der Tat die große Ruhe, ja Heiterkeit, ist das eigenartige Sicherheitsgefühl, mit dem Mensch und Tier dahinlebt, eine der allersonderbarsten und die äußerste Verwunderung herausfordernden Erscheinungen. Tief und schön drückt dies der alte deutsche Vers aus:

> Ich leb', ich weiß nicht wie lang,
> Ich sterb', ich weiß nicht wann,
> Ich fahr', ich weiß nicht wohin:
> Mich wundert, daß ich so fröhlich bin.

Ermessen wir, wie sonst Dinge – die als weit geringere Übel empfunden werden, weit ungewisser eintreten und eine ebensolange objektive Zeit hinausgeschoben sind, wie wir mathematisch wahrscheinlich leben – die Kraft besitzen, auch ohne in besonderen mittelbaren Erwartungsakten vorgestellt zu sein, die gegenwärtigen Gemütszustände herabzudrücken, zu erhellen oder zu verdüstern, so müßten wir nach denselben Gesetzen und denselben Maßverhältnissen solchen Druckes angesichts der Größe, der Verbreitung, der Sicherheit und der maßlosen Furcht vor diesem als so großes Übel Empfundenen, das der Tod darstellt, eine ungemein hohe allgemeine Belastung des gegenwärtigen Gemütszustandes erwarten. Nur eine *generelle Verdrängung* der evidenten Todesidee durch einen Lebenstrieb macht jene Erscheinung möglich, die ich den «*metaphysischen Leichtsinn*» des Menschen nennen möchte: eben die in den genannten Versen so fein wiedergegebene unheimliche Ruhe und «Fröhlichkeit» angesichts der Schwere und Evidenz des Todesgedankens. Ein Wesen, das in jedem Augenblick seines Daseins seine tieferlebte Todesevidenz auch vor Augen hätte – es würde ganz anders leben und handeln als der normale Mensch. Bei ihm bedarf es immer erst starker äußerer Anlässe, die jene Klarheit momentweise ein wenig steigen lassen.

Von dieser natürlichen Verdrängung der intuitiven Todesidee

---

[1] Vgl. W. Sombart, «Der moderne Kapitalismus»; ferner Max Webers Studien über Calvin.

aber ist völlig verschieden jene, die in das große einheitliche Bild des «*modernen westeuropäischen Menschen*» – als Massentypus betrachtet – gehört. Dieser Typus – sich seit dem Ende des 13. Jahrhunderts langsam emporarbeitend, langsam hinein in den Hochkapitalismus – ist trotz seinen nationalen und sonstigen Varietäten ein einziger, fest umschriebener Typus: umschrieben durch die «*Struktur seines Erlebens*». Ich nehme aus dieser Erlebnisstruktur des modernen Menschen nur ein Element: *Arbeit* und *Erwerben*, für den ältern Typ mehr oder weniger durch den Lebensbedarf diktierte willkürliche Betätigungen, werden für ihn *triebhaft* und, weil triebhaft, damit grenzenlos[1]. Was und wie dieser Typus im Durchschnitt schaut und denkt von den Dingen, das wird eine Folge von dem, was und wie er an ihnen herumhantiert. Die Macht folgt in dem durch diesen Typus beherrschten historischen Ganzen mehr und mehr dem Reichtum, nicht mehr, wie in der Blüte der Standesherrschaft, der Reichtum der politischen Macht. Die Standeseinheit verliert gegenüber der «Klasseneinheit» ihre Vorrechte mehr und mehr, und die politisch-rechtlichen Organisationsformen beginnen sich abhängig von ökonomischen Strukturen zu wandeln – nicht mehr umgekehrt, wie in den älteren Perioden. Dieser Typ erzeugt Kinder im Maße, als er arm, das heißt für ihn: «verzweifelt» ist, und das ist nicht mehr der Feste Fest für ihn. Die Kinderzahl und die größe des Triebes zur Fortpflanzung wird abhängig von der ökonomischen Struktur. Zwischen Gott und Welt, zwischen König und Volk, zwischen Seele und Empfindungen (Descartes) werden die mittleren Kräfte und Gewalten, allüberall die formvollen Übergänge zerworfen: Hierarchien, Stände, Strukturen der Seele. Die älteren Treu- und Glaubensverhältnisse werden durch willkürliche Verträge fundiert, alle unmittelbare Lebensgemeinschaft durch eine Gesellschaft rechnender Interessenten. «Denken» wird dem Durchschnittstyp zum «Rechnen», der «Leib» wird ein Körper unter anderen, Teil des universalen Mechanismus der Körperwelt. Leben ist ihm ein Grenzfall toter Komplikationen, und alle vitalen Werte haben die Tendenz, dem Nutzen und der Maschine in Moral, Recht untergeordnet zu werden. Da man mit Qualitäten, Formen, Werten nicht rechnen kann und die Erlebnisstruktur dieses Typus die Einstellung enthält: wirklich ist, was berechenbar ist, worüber man «Sekurität», Garantie erhalten kann, so sagt der neue Typus: Qualitäten, Formen, Werte sind «unwirklich», «subjektiv», willkürlich. Welt, das ist nun Gegenstand der ewigen *Angst*, nicht mehr kühn und froh ergriffenes «Ohngefähr». Angst gebiert die Rechenhaftigkeit der Lebensführung und ist das emotionale Apriori des stolzen «cogito ergo sum». Das muthafte Leben wird zu einer Eigenschaft der Abenteurer – einst der Grundzug der Herrschenden. Die Welt ist für diesen Typus und sein Lebensgefühl nicht mehr die warme, organische «Heimat», sondern sie wird ein kalter Gegenstand der Berechnung und des Angriffs der Arbeit – nicht geliebt und kontempliert, sondern das, was zu berechnen und zu bearbeiten ist. Ware ist Tauschmittel für Geld, nicht mehr Geld Tauschmittel für Warenqualität. Die Beziehung, das «Gesetz» als konstante Größenbeziehung tritt in der Weltauffassung vor das Was, vor Dinge und Formen. Staat, Seele (in der Assoziationspsychologie) und Organismus sucht man als Mechanismen zu erklären, und das «europäische Gleichgewicht» ohne übergeordnete und leitende Organisation wird zum Ziele der europäischen Politik.

Diese neuen triebhaft gewordenen Impulse des grenzenlosen Arbeitens und Erwerbens sind es vor allem, die eine *neue innere Gesamtstellung zum Tode* begründen; und hieraus erst als eine beiläufige Folge auch die Idee, die sich die Wissenschaft dieses Typus vom Tode macht. Dieser neue Menschentyp fürchtet nicht mehr den Tod, wie der antike Mensch; sondern so, wie sein grenzenloser Arbeits- und Erwerbstrieb ihn hinausdrängt über alle Kontemplation und allen Genuß Gottes und der Welt, so narkotisiert er ihn auch gegen den Todesgedanken in einer ganz besonderen Weise. Der Sturz in den Strudel der Geschäfte um der Geschäftigkeit selbst willen, das ist, wie schon Blaise Pascal sagt, die neue fragwürdige Medizin, die dem modernen Menschentypus die klare und leuchtende Idee des Todes verdrängt und die Illusion eines endlosen Fortganges des Lebens zur mittelbaren Grundhaltung seiner Existenz werden läßt. Nicht irgendein Sinn und Zweck erzeugt diese beispiellose «Geschäftigkeit»; sondern es ist, als ob das Zappeln seines psychomotorischen Apparats – als Folge eines tiefen Bewußtseins der Seinsunwürdigkeit und der metaphysischen Verzweiflung dieses Menschentyps – sich erst hinterher als einen scheinbaren Sinn seiner Existenz den Trieb zu grenzenlosem Arbeiten und Erwerben schaffe und das moralische Wertkorrelat, als «Surrogat» für ewiges Leben: den sog. «*Fortschritt*», den Fortschritt ohne Ziel, ohne Sinn – den Fortschritt, in dem das Fortschreiten selbst, wie Sombart gezeigt, der Sinn des Fortschritts

So sehr dieser moderne Mensch – «rechnet» mit dem Tode und sich tausendfach gegen ihn «versichert», so ist der Tod doch *nicht eigentlich anschaulich für ihn da:* Er lebt nicht «angesichts» des Todes. Nie vermag ja ein Urteil eine positive oder negative Täuschung zu überwinden. Der Stab im Wasser bleibt gebrochen, auch wenn ich urteile, er sei gerade. Eine positive oder negative Illusion bleibt, ob ich urteile, die Sache sei wirklich oder unwirklich, ob ich mit ihr rechne oder nicht. Das Nichtdasein des Todes aber – das ist hier wirklich eine Art negativer Bewußtseinsillusion des modernen Menschentyps. Selbst gefürchtet ist der Tod nicht mehr: denn seine Idee ist *weggefürchtet*, ist von derselben Lebensangst verscheucht, welche zur Rechenhaftigkeit der Lebensführung führte. Der Tod ist dem neuen Typus weder der fackelsenkende Jüngling, noch Parze, noch Gerippe. Er allein fand kein Symbol für ihn: denn er ist für das Erleben nicht da. Dieser neue Mensch benimmt sich wirklich, wie es jenem ein wenig kindischen Syllogismus der formalen Logikbücher in Millscher Interpretation entspricht: Herr N. wird sterben, weil der Herzog von Wellington und noch einige starben, was wir uns in der Form «alle Menschen sind sterblich» «notiert» haben! Nicht eine *Wesens*wahrheit, die für den Menschen nur darum gilt, weil sie zum Wesen «Leben» gehört, sondern eine «Induktion» soll der Tod sein.

Kein Wunder, daß der Eintritt des Todes nicht mehr als notwendige Erfüllung eines Lebenssinnes erscheint, sondern alle Augen der Beteiligten weit aufgerissen macht – so wie wenn man mit dem Kopf an die Wand stößt. Der verdrängte Tod, der unsichtbar gewordene «Anwesende», bis zur «Nichtexistenz» zerfürchtet – jetzt erst wird er die sinnlose Gewalt und Brutalität, als die er dem neuen Menschentyp erscheint, wenn er mit ihm konfrontiert wird. Er überkommt nur als *Katastrophe*. Er wird nicht mehr ehrlich und bewußt gestorben. Und niemand fühlt mehr und weiß, daß er zu sterben habe: *seinen* Tod.

«O Herr, gib jedem seinen eigenen Tod,
das Sterben, das aus jenem Leben geht,
darin er Liebe hatte, Sinn und Not.

Denn wir sind nur die Schale und das Blatt.
Der große Tod, den jeder in sich hat,
das ist die Frucht, um die sich alles dreht.»

«Denn dieses macht das Sterben fremd und schwer,
daß es nicht *unser* Tod ist; einer, der
uns endlich nimmt, nur weil wir keinen reifen;
drum geht ein Sturm, uns alle abzustreifen.»
      Rainer Maria Rilke, «Das Stunden-Buch»

Dieser neue Typ ist zwar «Individualist», – aber das, worin er zugleich ganz verloren ist, sein soziales Ich, d. h. sein «Bild» für die andern und was er in diesem Bilde ist, das scheint er auch sich selbst zu sein. Und so stirbt für ihn auch nur immer der andere – und er selbst auch einmal nur als «ein anderer» für die anderen! Er weiß nicht, er sterbe auch für sich. So wie man eine vorgezeichnete Figur mit bunter Seide bestickt, so baute der ältere Typus seine einzelnen Lebensinhalte, seine Handlungen und Werke hinein in die ihm stets vorschwebende Struktur der *Totalität* seines Lebens: Er lebte – angesichts des Todes. Der Tod, das war für sein Leben eine formende, eine richtende Gewalt; etwas, was dem Leben Gliederung und Aufbau gab. Aber dieser neue Typ lebt – wörtlich genommen – «hinein in den Tag», bis merkwürdigerweise plötzlich kein neuer Tag mehr da ist. Er «rechnet» mit dem Tode wie mit Feuers- und Wassergefahr – als ginge es ihn so wenig an wie Feuer und Wasser; d. h. er rechnet mehr und mehr nur mit seinem Kapitalwert und -unwert.

Erst eine Folge der Erlebnisstruktur dieses neuen Typs, die auch seine Erkenntnisstruktur bestimmt und leitet, ist nun die Zerkleinerung bis zum Verschwinden, welche auch die *Wissenschaft* mit der großen, schlichten und einfachen Tatsache des Todes vornimmt. Ich meine damit die moderne Lehre der Naturwissenschaft, daß es einen natürlichen Tod nicht gebe, daß jeder Tod als mehr oder weniger «*katastrophal*» anzusehen sei; desgleichen die Lehre, der Tod sei eine durch die Entwicklung des Lebens auf Erden erst entstandene «Anpassungserscheinung»; und endlich die durch Descartes zuerst aufgestellte, für die gesamte moderne Lebenslehre grundlegend gewordene Theorie, der Tod sei nicht die Folge des Aufhörens eines besonderen Agens, das sich am Körper manifestiere und an den Stoffen und Energien, aus denen er besteht und die alle den Gesetzen der Chemie und Physik folgen, – sondern er sei nichts anderes als das durch Hinzukommen einer den körperlichen Mechanismus von außen her zerstörenden Ursache bewirkte Aufhören der Erscheinungen des «Bewußtseins». Diese drei Lehren sind Teile *eines* logischen Zusammenhangs, der gleichmäßig die Leugnung eines besonderen *Urphänomens «Leben»* wie die Leugnung eines wesenhaft zu ihm gehörigen *Urphänomens «Tod»* zur Grundlage hat. Es ist der dritte Gedanke unter diesen dreien, welcher auch für die beiden anderen und die besonderen Modifikationen, die sie auf Grund unseres gegenwärtigen empirischen Beobachtungsmaterials angenommen haben, die letzte Grundlage bildet.

Die Leugnung des *«natürlichen Todes»* ist eine Folge, die sich schon rein deduktiv aus der mechanistischen metaphysischen Auffassung der Lebenserscheinungen, dieser Erlebnisstruktur entsprechend, ergibt. Ist der lebendige Organismus mit Einschluß der in ihm stattfindenden Prozesse ein nur besonders verwickelter chemisch-physikalischer Prozeß, d. h. in letzter Instanz ein mechanischer Prozeß, so kann er und das System, an dem er sich abspielt, auch nur von außen her gestört und zerbrochen werden. Der Tod ist dann immer eine Folgeerscheinung eines schließlich äußeren Reizes, der, sei es unmittelbar wie ein Pistolenschuß die Maschine zerbricht, sei es mittelbar die Auflösung des Systems in einzelne, sich nach allen Richtungen der Umgebung fortpflanzende Bewegungen der Systemteile zur Wirkung hat. D. h. jeder Tod ist dann mehr oder weniger «künstlich» und «katastrophal», und die Scheidung eines natürlichen und künstlichen Todes wird hinfällig. So also muß die mechanische Lebenslehre schließlich jeden Tod nach dem Muster des Todes durch einen Pistolenschuß konstruieren. Aber noch mehr: Auch der Gegensatz von Lebendig und Tot wird ein bloß *relativer* hierdurch; ja man kann im Grunde gar nicht mehr sehen, worin eigentlich der Tod besteht. Ist der Organismus nur ein Komplex von Organen, diese Komplexe von Geweben, diese wieder von Zellen (Zellenstaatsauffassung), und denkt man sich auch die Vorgänge in der Zelle als bloß chemisch-physikalische Prozesse, so besteht – abgesehen von der Bewußtseinssphäre – überhaupt gar kein bestimmter, greifbarer Vorgang, der «Tod» heißen könnte. Ist es doch eine bekannte Tatsache, daß sich fast alle physiologischen Funktionen noch lange nach dem «Tode» eines Tieres fortsetzen, der Magen z. B. verdaut, die Haare und Nägel wachsen, die Drüsen ihre Sekrete bilden, der Herzschlag noch stundenlang erhalten werden kann. Wir vermeiden es, hier auf die noch weit schwierigeren Probleme des Todes bei niedrigen Tieren und Pflanzen sowie auf das Problem des Scheintods einzugehen. Denn schon die jedem zugänglichen Tatsachen zeigen, daß der Tod vor dieser

Ansicht des Lebens im Grunde zerrinnt; daß man hier gar nicht mehr weiß, wann und wo man in diesem stetigen Aufhören einzelner Prozesse und dem schon im Altern eingeleiteten Zerfall der Organe den sogenannten Tod eigentlich ansetzen soll. Kein Wunder, daß ein französischer Physiologe kürzlich den Eintritt des Todes für eine juristische Tatsache erklärte, als eine Folge der Fürtot-Erklärung durch den Gerichtsarzt – Prognose: «Er wird nicht mehr aufstehen»!

Will diese Ansicht gleichwohl den Tod als eine bestimmte absolute Tatsache, nicht also bloß als einen mehr oder weniger künstlichen Einschnitt unseres Denkens, ja als eine juristische Definition festhalten, so muß sie, wie schon Descartes sah, die Natur überhaupt verlassen und auf die Seite des *subjektiven Bewußtseins* hinübergehen. D. h. man sagt nun: Obzwar der Tod – naturwissenschaftlich gesehen – gar kein bestimmtes elementares Ereignis ist, sondern nur ein langsam und stetig wachsender Kumulationserfolg im Zerfall hochkomplizierter organischer chemischer Verbindungen, so besteht der Grund davon, daß wir ihn gleichwohl für ein solches halten und ihm eine ganz bestimmte punktuelle Zeitstelle anweisen, wie sehr wir auch subjektiv über diese in gewissen Grenzen schwanken mögen, im Grunde überhaupt nicht in etwas naturwissenschaftlich Faßbarem, sondern in dem *Schwinden des Bewußtseins*, das eine Folge dieser Zerstörung der «Maschine» ist.

Aber damit ist die Frage nicht gelöst, sondern nur dem *Psychologen* zugeschoben. Ist doch hier die Frage nicht weniger schwierig, wann und wo wir denn ein solch vollständiges und *endgültiges* Schwinden des Bewußtseins anzunehmen haben. So wissen wir etwa, daß in der Narkose, desgleichen im Schlafe nicht jegliches Bewußtsein schwindet; daß dort nur die Schmerzzone aussetzt, daß es hier einen rein traumlosen Schlaf kaum gibt. Dazu besteht auch hier derselbe Gegensatz wie in der Biologie, d. h. zwischen jener assoziativen «Summationsauffassung» der Seele, wonach sie nur eine Summe einzelner Vorgänge ist, die prinzipiell isoliert ablaufen können, und dies in allen Graden der Bewußtheit – und jener Einheitslehre, wonach es, ähnlich wie bei den Vitalisten eine leitende Lebenskraft, so hier eine einheitliche zentrale Person gibt, die die assoziativen Prozesse leitet und lenkt. Nimmt man gar, wie man muß, ein Unterbewußtes im seelischen Leben an, so wird die Frage, wann und wo das Bewußtsein erloschen ist, hier nicht weniger schwierig als dort. Dazu tritt, daß man hier den Tod aus dem unmittelbar zugänglichen Gebiet der äußeren Lebenserscheinungen in eine Sphäre verlegt – das fremde Bewußtsein –, die doch selbst wieder nur auf Grund der Variation dieser äußeren Erscheinungen einem andern zugänglich sein soll – was methodisch eine Unmöglichkeit ist.

Der Tod, diese härteste, sonnenklarste Realität, jedem sichtbar und zugänglich, jeden Tag mit größter Sicherheit und Klarheit gesehen, scheint sich für das Mikroskop der Analyse und «Wissenschaft» in eine Menge ineinander übergänglicher Kleinigkeiten zu verwandeln! Er droht unserm Auge zu entschwinden: er wird nicht angenommen und erklärt, sondern er wird – wegerklärt. Er erscheint schließlich wie eine Art menschlicher Einbildung, eine Idiosynkrasie des Menschen. Wundere man sich daher nicht, daß man auch solche Folgerungen schon zu ziehen wagte! Ist es doch vor einigen Jahren von einem bekannten Pariser Gelehrten als ein «Axiom» der modernen Medizin erklärt worden, daß es keine natürliche Lebensgrenze gebe, welche die medizinische Wissenschaft und Technik, vereint mit der ärztlichen Kunst, nicht endlos hinauszuschieben fähig sei! Die Folgerung ist zwingend. Gibt es keinen natürlichen Tod – d. h. eine langsame Erschöpfung einer als selbständiges Agens anzunehmenden Lebenskraft – und keinen vital autonomen Faktor, der nach einem in ihm liegenden Rhythmus zwischen Wachstum und Altern sich der körperlichen Mechanismen nur bedient; der im katastrophalen Tod nicht zerstört, sondern nur seines Manifestationsortes im anorganischen All beraubt und unserer Erkenntnis und Erfahrung hierdurch unzugänglich werden kann –, so muß es auch das langgesuchte «Mittel gegen den Tod» tatsächlich geben. Und es ist nur als ein Mangel des «Fortschrittes» unserer bisherigen Medizin anzusehen, wenn nicht gar als ein moralisches Verschulden des «Unfleißes» der Ärzte und Mediziner, daß Menschen immer noch sterben. Ist doch *jede* Maschine prinzipiell wieder reparierbar. Und es wäre hiernach nur ein schuldhafter Unglaube an menschliche Tatkraft und Kunst, den Tod als eine absolute und endgültige Welteinrichtung anzusehen. Noch ein Stück weiter, und es wird hier die «Wissenschaft» zur Posse, wie man sie halb ernst und halb satirisch in einem pragmatistischen amerikanischen Buche vom «Unfug des Sterbens» nachlesen kann, in dem der Tod als eine europäische «Schlamperei» des Willens definiert ist.

Aber die Frage ist hier – für den Kulturpsychologen – doch anders zu stellen. Ist nicht da vielmehr auf seiten der Wissenschaft – auf seiten der Wissenschaftsmetaphysik – eine für sie geradezu konstitutive Täuschung vorliegend, die darin besteht, daß man faktisch an der Welt nur das als existierend «will» gelten lassen, was durch möglichen Eingriff eben noch veränderlich ist? Beherrscht aber dieses «Axiom» schon die gesamte geistige Optik der Wissenschaft, d. h. ist es gar nicht ihr Sinn, wie ich anderwärts zeigte, die *wahre Welt* zu geben, sondern nur einen «Plan» zu ihrer Beherrschung und Lenkung, so *kann* sie ja auch den Tod gar nicht sehen. Sie muß sein endgültiges Dasein leugnen. Sie muß blind sein für den Tod. Und sie muß es um so mehr, als sie selbst bereits mit geboren ist aus jenem modernen Augenschließen vor dem Tode, aus seiner Verdrängung durch den Arbeitstrieb. Das sie führende Motiv ist hier genau dasselbe, das H. St. Chamberlain sonderbarerweise als Grund gegen die geniale, tiefsinnige und wahre Lehre Gobineaus von der inneren, durch Politik und Moral unbeherrschbaren Todesursache der Völker, Nationen und Kulturen und dem unaufhaltsamen Zerfall der westeuropäischen Zivilisation durch die steigende Rassenmischung der edlen Oberschicht mit der unedlen Unterschicht vorbringt: Sie müsse falsch sein, da uns ja sonst nichts zu tun bliebe! Dieser pragmatische Illusionismus ist in der Tat auch die Wurzel jener falschen Lebens- und Todeslehre.

Das ist nun das Merkwürdige, daß der Tod, dessen Verdrängung das neue Fortschrittsidol erst geboren hat, dem auch der Erforschung der Lebewelt sich zuwendenden Fortschrittsfanatismus *selber* als ein Fortschritt in der «Anpassung des Lebens» an seine Umwelt erscheint. Indem man den doppelten Fehler beging, Tod nur da gelten zu lassen, wo ein «Leichnam» angebbar ist, und außerdem den Tod selbst mit dem Individualtod verwechselte (dem faktisch völlig gleichgeordnet ein Rassentod, ein Artentod usw. gegenübersteht), wandte man eine an sich berechtigte Überlegung über den Art-Anpassungswert der Länge des Lebensalters der Individuen dieser Art auch auf den Tod an, indem man den Tod als bloße *Grenze* dieses Alters auffaßte. Sterblichen Vielzelligen stellte man unsterbliche Einzellige gegenüber. Und der Tod selbst wurde als Anpassungserscheinung des Lebens an seine Umwelt gedacht. Der geistvolle und scharfsinnige Forscher Weismann, der diese Theorie aufstellte, ist sicher nicht zu tadeln. Er zog ja nur Konsequenzen, die aus dem Wesen des mechanistischen Erkenntnisideals fließen, dem der Tod überhaupt transzendent ist. Aber die Tatsachen sind eben doch stärker als die schönsten Erkenntnisideale! Und die Folge (z. B. Richard Hertwigs Untersuchungen) zeigte – abgesehen von obengenannter philosophisch unhaltbarer Todesdefinition –, was Maupas schon für die Infusorien, die teils durch Verschmelzung, teils durch Teilung sich fortpflanzen können, festgestellt hatte: daß nämlich eine Fortpflanzung bei bloßer Teilung selbst unter optimalen Bedingungen aufhört – auch für Weismanns Einzellige: Auch die Teilung der Einzelligen erschöpft sich, sofern nicht neue Verschmelzungen stattfinden, selbst bei streng konstant gehaltenen äußeren Lebensbedingungen, also ohne Hinzutritt einer Katastrophe aus *inneren* Gründen heraus, und die Linie stirbt.

Es gibt ein *absolutes* Todesphänomen, das an das Wesen des Lebendigen geknüpft ist – und auch an alle Einheitsformen des Lebendigen. So gibt es nicht nur einen individuellen Tod, sondern auch einen Rassen- und Völkertod und, wie man jetzt nach der Überwindung der darwinistischen Welle einzusehen beginnt, auch einen Artentod, der nicht auf äußere Ausschaltung durch die Selektion auf Grund der veränderten Lebensbedingungen, sondern auf *innere Erschöpfung* der die Art leitenden Lebensagentien zurückgeht. Und nicht unter scheinbar Sprunghaftem verbirgt sich hier überall ein kontinuierliches Werden und Abändern, sondern unter der scheinbaren Kontinuität im Wechsel und in den Unterschieden der Lebenserscheinungen und Lebenseinheiten verbergen sich die tiefen sprunghaften Unterschiede der Organisation und die wahrhaft sprunghaften Ursachen der Prozesse. Und immer bedeutet hier «Tod» jenes von innen her bestimmte Aufhören eines Prozesses, das mit allem Vergehen in der anorganischen Welt unvergleichlich ist.

II. Das Fortleben

Erste Bedingung für ein Fortleben nach dem Tode ist der Tod selbst. Erste Bedingung für ein mögliches Glauben an ein Fortleben ist die Aufhebung der die Idee vom Tode über den normalen Lebenstrieb hinaus verdrängenden Mächte, die ich am Typus des modernen Menschen aufwies. Alles, was diesen Kräften entgegenwirkt, macht die Todesidee von selbst und auf automatischem

Wege wiedererscheinen. «*Fortleben der geistig-leiblichen Person*» – diese Worte gewinnen erst einen Sinn *angesichts des Todesphänomens,* angesichts der Existenz und Unentrinnbarkeit des Schicksals alles Lebendigen. Und ein Glaube an das Fortleben ist erst möglich, wenn die – trotz dem Lebenstriebe – mögliche geistige Ergebung in den Tod, wenn jene geistige Versöhnung mit ihm stattgefunden hat, die den konstitutiv gewordenen Illusionismus des modernen Menschen gegen den Tod aufzuheben vermag: wenn der übernormal verdrängte Tod *wiedererscheint.*

Nehmen wir an, es sei der normale Zustand wiederhergestellt: der Mensch werde frei von jener negativen Angstillusion, es gebe keinen Tod. In welcher Weise, in welchen *geistigen Erfahrungen* kommt dann das Fortleben zur Gegebenheit, und welche typischen Verschiedenheiten in der Art, wie das geschieht, ergeben sich hierbei?

Man beachte scharf den Sinn dieser Frage. Es ist nicht gefragt, wie man die «Unsterblichkeit» beweisen oder den Glauben an sie rechtfertigen kann. «Beweisen» – im Stile des 18. Jahrhunderts – kann man sie sicher *nicht.* Aber es ist wie bei so vielen philosophischen Fragen auch sehr problematisch, ob hier Beweis überhaupt einen *Sinn* hat und ob man sie beweisen soll. *Jede* Annahme, die in unmittelbarer Erfahrung gründet, ist eo ipso unbeweisbar und notwendige *Voraussetzung* aller möglichen Beweise. Dazu ist «unsterblich sein» ein negativer Sachverhalt, der schon als solcher keines Beweises fähig ist. Ausdrücklich sprechen *wir* darum von *Fortdauer* und *Fortleben* der Person, nicht von ihrer sog. Unsterblichkeit. Hätten wir erfahrungsmäßige Stützpunkte ihres Fortlebens, so könnte eventuell auch das daraus folgen, was man Unsterblichkeit nennt.

Endlich haben wir zu wissen, wer hier die Last des Beweises – *onus probandi* – zu tragen hat. Vermag ich zu zeigen, es bestehe eine *Wesensunabhängigkeit der Person* vom Dasein eines organischen Lebens, und es gebe Wesensgesetze ihrer Akte, ihres Anschauens, Denkens, Fühlens, Liebens, Hassens, die von den Wesensgesetzen alles – und nicht nur des irdischen – Lebendigen unabhängig sind, so werde ich zwar nie und nimmer beweisen können, daß mit dem letzten Akte einer menschlichen Lebenseinheit, jenem Akte, in dem sie ihren Tod stirbt, nicht auch gleichzeitig diese Person zu existieren aufhört. Trotz der Unabhängigkeit des Wesens der Person vom Wesen des Lebensrhythmus ihrer zugehörigen vitalen Einheit könnte sie ja in demselben Augenblicke zu sein aufhören, in dem der Tot eintrat. Aber ein *Grund* zu dieser Annahme wäre dann der Tod nicht – und *der* hätte zu beweisen, der so etwas behauptet.

Vermag ich weiterhin zu zeigen, daß die Art und Weise, wie mir die geistige Person eines anderen *zur Gegebenheit kommt,* wenn ich mit ihm spreche und seine Rede verstehe, keinerlei Schluß enthält, der von der Setzung der wechselnden Zustände seines *Körpers* auf die Setzung der von ihm vollzogenen geistigen Akte und seiner Person erfolgt, so kann die Tatsache, daß dieser Körper einmal in die Zustände übergeht, die wir «Leichnam» nennen, keinen Grund einschließen, die Existenz seiner Person von diesem Augenblicke an zu leugnen; keinen Grund, daß, indem er erbleicht, auch das aufhört, was ich eben noch verstand, als er lächelte. Ein solcher Schluß findet nicht statt[1]. Auch während des Lebens beruht die *Annahme der Existenz fremder Personen* weder auf einem Schlusse, der durch die Setzung des fremden Körpers hindurchliefe, noch auf einem Akte der Einfühlung eines unserer Person analogen Ich in das Bild des fremden Körpers. Denn die *Ausdruckseinheiten,* in denen wir die fremden Personen ebenso wahrnehmen wie einen Baum in der optischen Erscheinung des Baumes, sind auf das Dasein von Körperdingen und ihren Wandlungen nicht fundiert. Die Annahme von der Existenz fremder Personen beruht zwar den Erkenntnisgründen nach auf gegebenen Ausdruckserscheinungen, ist aber, wenn sie einmal vollzogen ist, vom ferneren Dasein solcher Erscheinungen unabhängig; und nur das *Verstehen* dessen, was die Person denkt, beruht jeweilig auf dem Dasein solcher. Daß sie unsichtbar ist, besagt nichts. «Unsichtbar» – in gewissem Sinne – ist die geistige Person auch, während ich mit ihr rede und sie sich ausdrückt. Daß wir sie nach dem Tode nicht sehen, besagt sehr wenig, da man sie überhaupt nicht sinnlich sehen kann. Daß Ausdruckserscheinungen nach dem Tode ausbleiben, ist daher ein Grund allein zur Annahme, daß ich die Person nicht mehr verstehen kann; nicht aber ist es ein Grund zur Annahme, sie sei nicht da. Man erlaube ein Bild: Werfe ich eine Tür zu, durch deren Öffnung man eben noch eine fliegende Mücke erblickte, gewiß wird man mir dann nicht beweisen können, die Mücke befinde

---

[1] Ich habe dies in einer kürzlich erschienenen Arbeit «Zur Phänomenologie und Theorie der Sympathiegefühle» eingehend zu zeigen versucht. [Vgl. «Gesammelte Werke», Francke Verlag Bern und München, Bd. 7. Hrg.]

sich noch im Zimmer und sei nicht eben zum Fenster hinausgeflogen. Vielleicht flog sie hinaus genau im Augenblicke, als die Tür zugeschlagen war – aber ein Grund zur Annahme, sie sei hinausgeflogen, *weil* ich die Tür zugeschlagen habe, besteht dann so wenig, wie aus der Länge eines Schiffsmastes das Alter des Kapitäns folgt. So kann auch die Person faktisch aufhören zu sein, wenn Ausdruckserscheinungen mangeln, sie zu verstehen. Es steht ja nirgends geschrieben, daß Personen immer fortdauern müssen; aber ein Grund, sie dauerten nicht fort, liegt im Mangel dieser Ausdruckserscheinungen nicht.

Eines der wichtigsten, klar einsichtigen Prinzipe der Erkenntnistheorie lautet: Kann ich noch positiv zeigen, es gehöre zum Wesen einer Sache und den wesenhaft zu ihr gehörigen Erfahrungsarten (wie Sehen zur Farbe), daß ich ihre Existenz (bzw. Fortexistenz), auch wenn sie stattfindet, vermöge meiner durch meine Organisation beschränkten Erfahrungsmenge dieser Art von Erfahrung *nicht* zur Erfahrung bringen kann, so besteht kein Grund, ihre Existenz (bzw. Fortexistenz) zu leugnen, wenn mir die positive Erfahrung ihrer mangelt. Und nur, wo ich zeigen kann, es liegt im Wesen der Sache und ihrer Erfahrungart, daß ich sie durch die mir zugängliche Erfahrungsmenge dieser Art erfahren *müßte*, wenn sie ist, habe ich ein Recht zu sagen: Die Sache ist nicht da, da ich sie nicht sehe.

So wenig wir es hier also mit «Beweisen» der Unsterblichkeit zu tun haben, so wenig auch mit der *psychologischen* Frage, was für psychische Motive, Interessen, Wünsche, Befürchtungen diese oder jene Menschen, diese oder jene Menschengruppe in der Geschichte dazu gebracht haben, ein Fortleben zu glauben oder nicht zu glauben. Solcher subjektiven Motive gibt es unendlich viele und von Mensch zu Mensch wechselnde. Homers Achilles glaubte an ein Fortleben im Hades, obgleich er lieber ein lebendiger Hund zu sein wünschte als ein toter Held. Und dieselben Epikureer, die behaupteten, daß die Furcht die Götter geschaffen habe («timor fecit deos», Lukrez), leugneten nicht das Fortleben, sondern gaben dieser Idee nur einen Gehalt, der die Menschen von der Furcht vor den Zuständen nach dem Tode frei machen sollte. Daß die Annahme eines Fortlebens nach dem Tode nur eine menschliche «Wunschillusion» sei, das widerlegen zehntausend geschichtliche Tatsachen. Man kann sicher die Frage stellen, ob in den christlichen Zeiten die Angst vor Hölle und Fegefeuer nicht viel größer war als die Hoffnung auf den Himmel. Überhaupt haben wir es hier nicht mit Annahme oder Ablehnung des Glaubens an ein Fortleben, sondern mit dem *Sinn* und dem *Wesen* zu tun, die anschaulich diese Idee erfüllen, sowie mit den *Akten des Erfahrens*, in denen solches Fortleben gegeben sein möchte. –

Trennen wir zuerst zwei Dinge: die Idee und den Glauben an die sog. *«Ewigkeit des Geistes»* und die Idee und den Glauben an das *«Fortleben der Person»*. Ich wende mich zunächst dem ersten zu.

Ich sehe klar vor mir meinen Tod. Im stetigen Anwachsen der erlebten Wirksamkeit meiner Vergangenheit, die jeden meiner Schritte stärker und stärker bindet, fühlbarer determiniert und auf jeden als Ganzes wirksam ist, in der stetigen Verengung der mir in unmittelbarer Erwartung gegebenen Zukunftssphäre, in der immer stärker werden Pressung des Gegenwartsumfangs zwischen beiden, ist mir sein wachsendes Herannahen gegeben, von Sekunde zu Sekunde – gleichgültig, auf welcher Stelle des Lebensrhythmus meiner menschlichen Art ich mich befinde, ob mein Leben ansteigt oder absteigt, ob ich wachse oder abnehme, ob ich krank bin oder gesund, ob ich es bemerke, beachte oder nicht, ob ich es mir urteilsmäßig deutlich mache oder nicht. Denn im Leben, im Wesen des Lebens, nicht im Zufall meiner Menschenorganisation und in ihrem besonderen Daseinsrhythmus: Kindheit, Jugend, Alter und Lebenszeit, liegt diese Erfahrung. Aber indem ich den Tod so herankommen sehe als das evidente Los alles möglichen Lebens – und darum auch des meinigen, auch des Lebens, das in mir pulsiert –, erlebe ich und vollziehe ich an jeder Stelle dieses Ablaufs gleichwohl *Akte*, deren Sinngehalt und deren Sinngehaltszusammenhänge von dieser tiefen heimlichen Erfahrung völlig *unabhängig* sind. Ich denke z. B. $2 \times 2 = 4$ oder sonst eine evidente Wahrheit. Wie zum Wesen eines Gegenstandes das Wesen eines Aktes notwendig gehört, so gehört es auch zu dieser Wahrheit, daß sie gedacht werde. Aber ohne jeden Zweifel ist ihr Wahrsein, oder auch das Falschsein eines Satzes wie $2 \times 2 = 5$, nicht relativ auf das Leben und ein Lebendiges. Mag es sein, daß gewisse Gruppen von Wahrheiten nur an typisch präformierten Stellen im Gange meines Lebens gefunden werden können, daß es, um gewisse zu finden, z. B. der Reife bedarf und des Alters, und der Fünfjährige nicht die finden kann, die der Zwanzigjährige findet. Auch bedarf es, um gewisse zu finden, vielleicht der Krankheit, andere – der

Gesundheit. Das alles betrifft das Finden, es betrifft die *Auswahl* der Gegenstände, über die die Sätze ergehen, ja auch ihre Daseinsrelativität. Es betrifft *nicht ihren Sinn* und ihr Wahr- und Falschsein. Halte ich Falsches für wahr, so vermag mich ein Grund meines Irrtums zu überführen – nicht aber etwa der Hinweis, mein Gegner sei älter.

Aus allen möglichen Wesensgesetzen des Lebens, erst recht aus Regeln der wissenschaftlichen Biologie folgen die Sinngesetze und Sinnzusammenhänge meiner Behauptungen und folgt ihr Unterschied von Wahr- und Falschsein *nicht*. Wohl *transzendiere* ich in diesen Akten alles, was noch lebensrelativ ist, und ich darf sagen, daß mein Geist in solchen Akten ein Reich, eine *Sphäre von zeitlosen und ewigen Sinneinheiten* berühre. Aber mehr darf ich nicht sagen. Daß auch die Akte, die ich vollziehe, oder daß gar meine Person, ihr Träger, auch *fortdauere*, wenn ich aufhöre zu leben, das folgt auch aus dem Wesenszusammenhang zwischen der Idee eines Aktes und eines Gegenstandes in keiner Weise. Vielleicht hat dieser Zusammenhang für die Annahme einer Gottheit eine gewisse Bedeutung, ja sogar für irgendeine Form der Verbindung meiner Person mit dieser Gottheit. Für die Annahme einer persönlichen Fortdauer hat er keine Bedeutung.

Ein anderes Beispiel: Ich fühle etwa sinnlich Angenehmes auf der Zunge, ein andermal Mattigkeit und Frische, oder fühle mich wohl oder unwohl. Im Fühlen solcher Gehalte *selbst*, nicht erst auf Grund daran sich schließender Überlegung, steckt eine im ersten und zweiten Fall verschiedenartige Daseinsbezogenheit der Gefühlsinhalte auf die Zustände meines Leibes. Hier steckt nicht nur in meiner Frische und meinem Wohlsein, sondern auch in der Frische z. B. eines fremden Gesichtes oder in der Frische eines Maimorgens eine deutliche Daseinsbezogenheit auf die wechselnden Zustände eines Leibes. Aber nicht immer ist es so. Ich fühle auch Verzweiflung und Seligkeit über mein Sein oder mein Wollen, oder über das Sein und Wollen eines anderen, den ich liebe. Ich fühle Zerknirschung und Reue, oder heitere, klare Ruhe angesichts meiner Person und tiefe Befriedigung im Tun einer schönen Tat. Was ich so fühle, das fühle ich *ohne* jede mitgegebene Daseinsbezogenheit auf einen Leib, wie immer ich auch gleichzeitig meinen Leib und seine Zustände dabei gegenwärtig habe. Ich kann gleichzeitig einen Schmerz haben und lebensfroh sein, das sinnliche Wohlgefühl einer guten Speise genießen und matt sein, und ich kann mit all diesem gleichzeitig und ganz unabhängig davon verzweifelt sein und selig. Die Qualitäten dieser Schichten meines Gefühls sind nicht aufeinander zurückführbar und sind auf eine grundverschiedene Art und Weise gegeben. Man kann sie nicht aufeinander reduzieren, und sie folgen – jede Gruppe für sich – ihren eigenen Gesetzen. Und was ich so zu verschiedenen Zeiten meines Lebens fühle, das ist nun wieder verknüpft durch *Sinnzusammenhänge*, die das Ganze meines Lebensprozesses durchwalten, und deren zugehörige Akte beliebig nahe und beliebig weit auseinander sein können. Ich kann nach zehn Jahren eine Tat bereuen: Dann bildet der Sinn jener Tat und der Sinn jener Reue einen solchen Zusammenhang.

Sinnzusammenhänge solcher Art stellen sich wachsend im Prozesse meines Lebens dar, aber ihre inneren Gesetze und ihre konkreten Bezogenheiten aufeinander, die in ihrer Gesamtheit den Totalsinn meines individuellen Lebens darstellen, sind von jenem Prozesse und sind von seinen Gesetzen völlig *unabhängig*. Ich liebe einen Freund, und morgen liege ich im Sterben –: O ja, diese Liebe kann den Sinngesetzen von Liebe und Haß zufolge sinngemäß anfangen und aufhören. Ich sehe ein, ich täuschte mich über die Person des Freundes: so hört die Liebe auf. Ich sehe ein, es war nicht Liebe zu dem Freunde, was ich fühlte, sondern verstecktes Interesse an seinem Reichtum, Freude an dem sinnlichen Bilde seiner Anwesenheit, das ich vorher mit ihm selbst mit seiner Person vermöge einer Täuschung identifizierte; oder es waren seine Überzeugungen, mit denen ich übereinstimmte. Sehe ich so etwas ein, so hört die Täuschung auf, ich liebte ihn. Noch auf tausend andere Weisen kann sie gemäß diesen und anderen Sinngesetzen beginnen und aufhören. Aber ich sterbe! Was könnte das für das Sein und was könnte es für die Fortdauer des *Sinnes* meiner Liebe bedeuten? Vielleicht besteht der Zufall, daß meine Liebe nach Sinngesetzen gerade in dem Augenblicke vergeht, da ich sterbe. Aber *daß ich sterbe*, das hat für den Sinngehalt aller Akte von Liebe und Haß zu einer Person selbst *keinerlei* Bedeutung, hat keinerlei Bedeutung für alle nur möglichen Verknüpfungseinheiten, die zwischen dem Sinn der Liebe von Personen bestehen können. Der andere kann sagen: Der Sinn unserer Freundschaft besteht nicht mehr, wenn ich ihn enttäusche, wenn ich das Band der Freundschaft verletze. Aber er kann es *nicht* sagen, wenn ich sterbe. Keinerlei Tod kann ihren Sinn verletzen. Wie sollte es wohl begreiflich sein, daß auch die entferntesten Wirkungen einer Pistolenkugel oder einer Arterienverkalkung die konkreten Sinnzusammenhänge solcher Akte zu stören vermöchten, aufzuheben oder zu verändern vermöchten? Ewigkeitssinn also, Unabhängigkeit dieses Sinnes von Leben und Tod, das liegt hier genau in derselben Weise vor wie bei Denkakten. Auch der Sinn eines persönlichen Lebens ist von den Phasen seines Prozesses grundverschieden. «Sub quadam specie aeterni» – so erfolgt jeder spezifische geistige Akt. Aber – daß der sterbende Freund *fortdauere*, daß seine Liebe fortdauere, das folgt aus dem Gesagten *nicht*.

Diese Lehre von der «Ewigkeit des Geistes», die also besagt, daß wir mit unseren geistigen Akten ein *Reich des Sinnes* zu berühren vermögen – ein Reich, das manche sich noch vor einem göttlichen Blicke ausgebreitet denken –, kann nur von einem Positivismus und Biologismus geleugnet werden, der die einfachsten Dinge verkennt. Aber für die Fortdauer der geistigen Person hat diese Lehre keinerlei Bedeutung. Ihre Annahme setzt die Fortdauer des persönlichen Geistes so wenig, wie andererseits die Annahme der persönlichen Fortdauer die Scheidung von Akten und Erlebnissen aufzuheben vermag – auch innerhalb der Existenz *nach* dem Tode –, die solchen zeitlosen Sinn besitzen und die ihn nicht besitzen.

Schon die Griechen hatten die Lehre von der Ewigkeit des Geistes klar ausgebildet. Auch wer alle persönliche Fortdauer leugnet, vermag sie anzuerkennen. Wie aber steht es mit der Lehre von der *persönlichen Fortdauer*?

Man weist nun hier vielleicht auf die ganze Fülle von *Tatsachen* hin, welche die physiologische Psychologie, das physiologische Tier- und Menschenexperiment, die normale und pathologische Anatomie über die Abhängigkeit der psychischen Prozesse von Gehirn- und Nervenprozessen aufgedeckt hat. Aber schon indem man dies tut, verkennt man die *Ordnung* und den *Sinn* der Fragen. Über die *Wesensnatur* der Abhängigkeit geistiger Akte von physiologischen Prozessen kann *keine* dieser Tatsachen entscheiden, schon darum, weil psychische beobachtbare Tatsachen von geistigen Akten ganz verschieden sind. Sie haben genau so wie sie sind Platz, wenn wir annehmen, es sei das Sein eines geistigen Aktes und der Person notwendig gebunden an eine örtlich und qualitativ besondere Nerven- und Gehirnerregung (im Sinne einer der vielen Parallelismenhypothesen), und es sei dies *nicht* der Fall, es verhalte sich vielmehr die Person zur Gesamtheit ihrer Körpervorgänge und der sie begleitenden, in der Erlebnisform der inneren Wahrnehmung gegenständlich gemachten psychischen Prozesse wie der klavierspielende Künstler zum Klavier, und die Sinnzusammenhänge ihrer Akte dazu wie die gespielte Komposition. Auch im letzteren Falle muß alles, was uns an Zusammenhängen psychischer Tatsachen und Gehirn- und Nervenprozessen zur Beobachtung kommen kann, eine eindeutige Zuordnung irgendwelcher Art haben – so sicher zwei Darstellungen einer Komposition, die verschiedenen künstlerischen Gehalt besitzen, oder eine Darstellung einer auch nur in einem Punkte, in einer Note von einer anderen verschiedenen Komposition auch verschiedene mechanische Vorgänge im Klavier voraussetzen. Und doch ist es hier so sonnenklar: Keine Aufführung des Kunstwerks ohne Künstler und Komposition, die beide in ihrem Dasein vom Klavier *unabhängig* sind.

Drei Wege also: erstens keinerlei Entscheidung und volle Urteilsenthaltung über metaphysische Fragen, allein geziemend den positiven Wissenschaften in diesen Fragen – dann auch kein sog. Parallelismus; zweitens rationalistischer Hypothesenbau oder Bau willkürlicher Setzungen, wie ihn ein großer Teil der bisherigen Philosophie im Streit über Parallelismus und Wechselwirkung gepflegt hat; drittens schärfste Scheidung des *unmittelbaren* «*Er-lebens*» des Lebens und der Welt in ihrem puren Was – und alles *gegenständlichen Seins*, also auch des «gelebten Lebens», das im Erleben: «innere Wahrnehmung und Beobachtung» gegenständlich wird, und Behandlung der Frage von diesem Gesichtspunkt aus. Und nur dieser letztere Weg ist gangbar.

Schlage ich diesen Weg ein, so gibt es eine *Grunderfahrung*, die bei der genaueren philosophischen Untersuchung *jedes* Gebietes geistiger Intentionen, d. h. solcher Erlebnisse, die hinausgehen über das dumpfe Dasein jener Leibzustände, die allein wir zunächst sinnvoll Empfindungen nennen dürfen, wiederkehrt – eine Erfahrung, die aber im Großen und Vagen auch der natürliche Mensch fortwährend macht, mag er sich ihrer im Urteil bewußt sein oder nicht. Diese Erfahrung ist kurz gesagt: Erstens, daß die geistige Person in *jedem* ihrer Akte, in Wahrnehmen, Erinnern, Erwarten, Wollen, Können, Fühlen, über das *hinausgeht*, was ihr als irgendwelche «Grenze» des ihr gleichzeitig immer im Erleben mitgegebenen Leibes «gegeben» ist (was ich hier «Grenze» nenne, kann räumliche Grenze, zeitliche Grenze und Grenze des qualitativen Inhalts ihrer Leibzustände sein); zweitens, daß die Mengen der Gehalte jener Akte immer *größer* sind als die Mengen der ihnen entsprechenden Leibzustände.

Ich schlage die Augen auf: Eine weite Landschaft mit einer Fülle von Gegenständen, Häusern, Flüssen dehnt sich in weite Ferne vor meinem Blick. Ein andermal finde ich, die Augen aufschlagend, ein enges, kleines, leeres Zimmer. Sicher sind die beiden Sehgehalten entsprechenden sog. *Empfindungen,* die ihnen entsprechenden Leibzustände, von gleicher Zahl. Aber was ich sehe, das ist an qualitativer Fülle, an Weite und Ferne gewaltig verschieden. David Hume zieht daraus den Schluß, daß dieser Unterschied also nur ein Werk der sog. Assoziation und des Urteils und des Schlusses sei. Wir aber, solche absolute Konsequenz vermeidend, ziehen den Schluß, daß die anschauliche qualitative Fülle, Weite, Ferne hier und dort sowie die «Bedeutungsmomente» im Gesehenen, die evidenter gegeben sind als alle Theorie und alle Schlüsse, nicht auf einem bloßen Unterschied jener gleichzahligen Leibzustände beruhen können, sondern daß erstens mein Sehakt über diese Zustände und die räumliche Grenze des Leibes *hinaus*reicht, und daß zweitens die in einem Sehakt gegebene Fülle und Menge irgendwelcher Mannigfaltigkeiten die Menge der gleichzeitigen Empfindungen stets *übertrifft,* wie immer auch das Stattfinden eines jeden Sehakts an ganz bestimmte Empfindungen gebunden sein mag. Unbeirrt durch Theorien sage ich: Dieser Sehakt schwingt sich *hinaus* über die Grenzen meines Leibes. Und nicht erst etwa irgendwelcher Komplex einfachster Sehqualitäten, sondern schon jede einfachste Qualität einer Farbe z. B. (dasselbe gilt für das Hören eines Tones) besitzt eine Menge von Variationsreihen ihrer Merkmale, der keine gleichgroße Menge von Variationsreihen von Reiz und Empfindung entspricht. Wohl mögen jeder gegebenen Gesamtqualität eindeutig Reize und Empfindungszustände entsprechen. Dies schließt jedoch die Tatsache nicht aus, daß die qualitative Mannigfaltigkeit in jedem Gesehenen und Gehörten, das einfach ist, reicher ist als auf der Seite der Empfindung und des Reizes, wenn nur der Wechsel dieser qualitativen Merkmale der Töne und Farben ein wesensgesetzmäßig in diesen Gehalten selbst gegründeter ist. Dies aber ist es, was die phänomenologische Erforschung schon der einfachen Töne, Farben, des Raumes und seiner Gliederung seitens der experimentellen Psychologie von Tag zu Tag schärfer zeigt. Immer mehr Erscheinungselemente tauchen auf, die sich nicht durch Empfindungen und eindeutige Variationen eines Reizfaktors decken lassen. (Der einen Variablen der Schwingungszahl entsprechen wahrscheinlich drei qualitative Variable eines einfachen Tones: seine Höhe, sein Vokalcharakter und die kürzlich als Qualität geltend gemachte Oktavität.) Und dies gilt nun ganz allgemein: Das Sehen und Hören hat seine *eigene Gesetzmäßigkeit* als pure Funktion – unabhängig von den Einrichtungen des Auges, die von Art zu Art wechseln; hat seinen eigenen «Umfang», der mit dem Umfang der Empfindlichkeit für Reize so wenig zu tun hat wie mit dem der geistigen Aufmerksamkeit überhaupt; hat seine eigene perspektivische Gesetzmäßigkeit, die mit der mathematischen Perspektive nichts zu tun hat.

Und wieder gilt dasselbe für den Akt der *Wahrnehmung.* Niemals läßt sich das, was in einer Wahrnehmung eines Dinges gegeben und intendiert ist, wieder decken durch die Summe aller möglichen Sehinhalte, Hörinhalte, Riech- und Schmeckinhalte, Tastinhalte plus den Vorstellungen, die von früheren Sehinhalten usw. herstammten. Ihr Gehalt und dessen Variationsmöglichkeit ist unendlich reicher als all dies zusammen und *überflutet* weit das, was in diesen Sinneserscheinungen plus Derivaten allein gegeben sein könnte. Sinnliche Funktionen sind nur *Selektions*formen der Anschauung.

Ich nehme noch ein paar andere Beispiele. Zunächst eines, das die *zeitlichen Grenzen meines Leibes* betrifft. Zum Wesen eines Leibes gehört, so wie er gegeben ist, daß er Gegenwart erfüllt, sein Jetzt-Hier – eine Tatsache, die es in der objektiven Zeit nicht gibt. Und doch ist dieses Jetzt-Hier eine Bedingung nicht nur aller Feststellungen, die wir über den Inhalt der objektiven Zeit machen, es ist auch die Bedingung des Begriffes der objektiven Zeit selbst, deren kontinuierlich in einer Richtung sich folgend gedachte Teile aus lauter Punkten analog den Gegenwartspunkten bestehen, resp. den Punkten, die im Lebenszusammenhang «Gegenwart» heißen. Aber mein Geist überschwingt diese Grenze nach zwei Richtungen: Ich ergehe mich in der Haltung des *Erinnerns* in meiner Vergangenheit, und Stück für Stück erscheint die vergangene Welt vor meinem geistigen Auge; und ebenso verweile ich *erwartend* geistig in den Gehalten meiner Zukunft. Schon Platon schöpfte in seinem Phaidon aus der wunderbaren Tatsache des Erinnerns tiefe Einsichten für die Frage des Fortlebens. Bis vor kurzem nahm man an, diese Tatsachen ließen sich durch Annahme von Dispositionen und

Spuren, die frühere Eindrücke zurückließen, durch sog. Reproduktionen und Assoziationen restlos erklären. Man setzte dabei voraus, es handle sich hier um eine Kausalerklärung von Gegenwartsgeschehen, sog. Erinnerungsbilder, resp. «Bilder», die erst auf Grund eines ihnen eigenen «Charakters» oder einer sog. symbolischen Funktion durch Urteile in Vergangenheit und Zukunft verlegt werden. Aber davon ist gar keine Rede. Was man so allerdings erklären kann und erklären muß, das ist allein die besondere *Auswahl* von Inhalten, die in die Sphäre des bloß mittelbaren Erinnerns und Erwartens jeweilig und auf Grund der gegenwärtigen Leibzustände eingehen. Unmittelbares Erinnern und unmittelbares Erwarten von etwas und dessen jeweilige Sphäre wird durch diese mechanistische Erklärung überhaupt nicht, mittelbare Erinnerung nur in der besonderen *Auswahl* der Inhalte und der Ordnung ihrer Folge betroffen, die durch sie zugängig werden – nicht aber der Inhalt selbst. Das mittelbare Erinnern und Erwarten aber ist stets auf unmittelbares Erinnern und Erwarten gewisser Struktur- und Werteinheiten des vergangenen Lebens und des zukünftigen Lebens aufgebaut, und es kann nicht überschreiten, was diese dem mittelbaren Erinnern und Erwarten an Sphären zuschreiben. Alles gegenwärtige geistige Sein wird schließlich auf dem Hintergrunde einer vagen *Total*ansicht meines Lebens von mir erlebt, die sich außerdem in jene Vergangenheits- und Zukunftssphäre gliedert. Das geistige Auge, das diese Totalansicht vor sich ausgebreitet hat – es steht *über* diesem Wechsel, der jeweilig die Sphären mit besonderen Gehalten erfüllt, und erst recht über seinen Ursachen. Wieder also reicht Erinnern und Erwarten *hinaus* über die Grenzen meiner Leibgegebenheit, der Zustände des Leibes und all dessen, was an Erleben mit ihm gleichzeitig ist. Nicht erst eine Deutung von gegenwärtigen Zuständen und sog. «Bildern» führt mich hinaus über die Gegenwart – als müßte der Gehalt, aus dem sich mein Bild der Vergangenheit und Zukunft aufbaut, aus dem Gegenwartsgehalt zunächst entnommen sein; als führten nur Deutung und Urteil oder gar «Schlüsse» dazu, daß ich nicht nur in der Gegenwart zu leben annehme.

Oder: Ich fühle *dasselbe* Leid, dieselbe geistige Freude mit dem von mir geliebten Menschen angesichts desselben Wertes oder Unwertes eines Ereignisses, das uns beide traf. Das heißt nicht: Jeder erlebt sie nur als seine eigenen – und wir *urteilen* nur, daß dies sei. Dieser Tatbestand ist ein evident anderer. So ist es und kann es nur sein bei *sinnlichem* Schmerz und sinnlicher Lust, die als ausgedehnte Erscheinungen an irgendeinem Orte des Leibes gegeben sind. Denn jeder hat *seinen* Leib. Aber für *geistige* Gefühle und die ihnen entsprechenden Werte, ja schon Vitalgefühle, gibt es auch ein echtes *Miteinander*fühlen *desselben* Gefühls angesichts desselben Wertes, und hier schwingt sich mein Geist als Fühlen wahrhaft hinaus über die Grenzen meiner Leibzustände. Das ist der evidente Tatbestand. Nichts von Schluß, nichts von Einlegung eigener Gefühlszustände in den fremden Körpergestus, nichts von unwillkürlicher Nachahmung des Gestus, von psychischer Ansteckung findet hier statt.

In allen diesen Fällen finden wir dieselbe den Geist und sein Sein und Leben *konstituierende Grundtatsache:* Gebunden an wechselnde Leibzustände und ihre objektiven Korrelate im Leibkörper in der besonderen Auswahl dessen, was zum Gehalte der Intentionen der Person wird – ist das *Wesen der Person* und dieser Intentionen, ist ihr «Sinnzusammenhang» und ist der jeweilige «Wesensgehalt» dieser Intentionen selbst *niemals* in Leibzustände oder Empfindungen und ihre genetischen Derivate, Reproduktionen usw. aufteilbar. Und wieder mehr und reicher an Wesensfülle als alle nur möglichen Intentionen einer geistigen Person ist *sie selbst* und ist ihre geistige Welt.

Noch ein Beispiel. Ich gehe auf der Straße – dann ist die Bewegungs*intention* des Ganzen meines Leibes sehr verschieden von den Bewegungsimpulsen, die, je nach der Ausgangslage meiner Organe, ganz verschiedene Organe betreffen müssen und in ganz verschiedener Zuordnung, damit ich gehe; und diese Impulse sind völlig verschieden von den Bewegungsempfindungen und ihren reproduktiven Resten, die sich erst auf Grund der stattfindenden Bewegung einstellen. Die Bewegungsintention läuft den Impulsen *voraus* und schwebt über ihnen als regulatives Monument; und die Impulse laufen den Bewegungsempfindungen voraus, wobei die Bewegungsintention selbst wieder durch das geistige Ziel meines Ganges in Wechsel und Abfolge gelenkt ist, und auch Spazierengehen, d. h. Ausschaltung aller Zwecke, dieses Ziel sein kann.

Nun wird man fragen: Wieso kommt die positive *Wissenschaft*, zu deren Wesen es gehört, die Tatsachen kausalgenetisch zu erklären – in letzter Linie mechanisch bzw. assoziationspsychologisch –, zu Ergebnissen, die von den hier genannten abweichen? Warum sieht sie z. B. das Sehen gemeinhin nur als eine Art verlängertes

Tasten an und hält es für eindeutig durch Reize und Leibzustände bedingt? Ich sage: sie tut dies mit vollem Rechte. Denn nicht, was der Geist, was die Welt, was die Person *ist*, was Sehen, Erinnern, Mitfühlen ist, die *Wesenheiten* von all dem sucht sie zu ergründen, sondern etwas ganz anderes: Ihr Ziel ist, das Gegebene eindeutig zu ordnen, und zwar so zu ordnen, daß wenigstens in der Idee die Sachen *beherrschbar* und lenkbar und vorhersehbar werden. Und das ist klar: Beherrschbar sind die Dinge nur *außerhalb* der Grenze ihrer Wesenheiten und ihrer Wesenszusammenhänge. Und darum interessiert die erklärende Wissenschaft die Washeit, das Wesen der Dinge nicht. Kein Wunder daher, daß die Wissenschaft die Welt nur so weit in ihre Begriffsgefüge aufnimmt, als in ihr Mechanismus enthalten ist; denn nur so weit ist sie beherrschbar: die Natur technisch, Leib und Seele ärztlich, pädagogisch, staatsmännisch. Dieses Tun der positiven Wissenschaft – es ist unendlich lebenswichtiger als alle Philosophie. Aber die *Wahrheit* über das Wesen der Sachen bleibt ihrer Berechnung der Welt – mit Lotze zu reden – ebenso notwendig verborgen. Und es ist die sehr unwichtige, aber schöne und würdige Aufgabe der Philosophie, die Welt – wie Lotze sagt – zu verstehen.

Gehört es zum Wesen des persönlichen Geistes, – man gestatte das Bild – in seinen Akten hinauszuschießen über die Grenze des Leibes und seiner Zustände, so kann ich fragen: Was gehört zum Wesen der Person, wenn im *Sterbensakt* der Leib aufhört zu sein – zur Person als der selbst noch aktuellen, konkreten Einheit aller Akte, zur Idee dieses einheitlichen, konkreten Tatfaktors, der an keine sog. «Substanz» angeheftet werden darf? Ich antworte: Es gehört dann zum Wesen der Person genau das nämliche, was zu ihrem Wesen gehörte, als der Mensch lebte – nichts Neues also –: daß so, wie sich während des Lebens ihre Akte «hinausschwangen» über die Leibzustände, sich nun sie selbst auch hinausschwinge über ihres Leibes Zerfall. Und nur dieses Schwingen, dieses *Fort- und Hinausschwingen*, dieser dynamische Actus, der zu ihrem *Wesen* gehört – er allein wird und muß im Sterben das volle Erleben und *Sein* der Person sein. Das heißt nicht, sie habe dann nur die Intention oder gar die Erwartung eines Fortlebens. Das wäre eine Platitüde; und viele Menschen – alle, die an ein Fortleben nicht glauben – haben diese Erwartung durchaus nicht. Es heißt: die Person *erlebe sich hier selbst noch fortlebend*. Oder einfacher: sie erlebe für ihr *Sein*, was sie während des Lebens bereits evident für ihre *Akte* und deren Gehalt erlebte: *Unabhängigkeit ihres Seins vom Leibe.* Wer hier sagt: Ja, aber nur in ihrer «Intention», der vergißt, daß Intention und Akt in concreto das *Wesen* der Person ist – daß sie kein Ding, keine Substanz ist, die eine Intention «hätte» oder «ausübte».

Aber damit ist nun auch alles zu Ende, was aus dem *philosophisch* Feststellbaren folgen möchte. Von mehr als diesem «Schwungerleben» hinaus über Leibesgrenzen – weiß ich kein Wort. Ich weiß also kein Wort, *daß* die Person nach dem Tode existiere; kein Wort erst recht, *wie* sie existiere. Denn warum sollte die Person nicht mit diesem letzten Schwunge «in» ihm durch ein metaphysisches Wunder aufhören zu sein? Existiert sie *nicht* fort – ich werde es nie wissen können. Existiert sie fort – ich werde es nie wissen können. Dieser Schwung allein muß noch nach Gesetzen ihres Wesens unmittelbares Erleben sein; er gehört zu ihrer *Selbsterfahrung.* Aber ich *glaube* es, daß sie *fortexistiert* – da ich keinen Grund habe, das Gegenteil anzunehmen, und die Wesensbedingungen für das, was ich glaube, evident erfüllt sind.

In der unmittelbaren Erfahrung des «*Überschusses*» aller geistigen Akte der Person, ja des Wesens «geistiger Akt» – über ihre Leibzustände, ja das Wesen «Leibzustand», und im Akte des Sterbens in der Erfahrung des Überschusses der Person über die Leibeinheit – hier also ist das *intuitive Wesensdatum,* das die Idee des Fortlebens in all ihren tausendfachen Gestaltungen vom Glauben der Wilden bis zu den geläutertsten Ideen von Kant und Goethe erfüllt. Und nun ist klar: Dieses Überschußphänomen kann nur klar zur Gegebenheit kommen, wenn und soweit auch die erste Reihe dieser Betrachtungen gilt, *wenn und soweit der Tod selbst gegeben ist;* wenn und soweit der Mensch nicht nur weiß und urteilt, er werde sterben, sondern *«angesichts» des Todes lebt.* Indem – im selben Gesamtakte also – ich es sehe, fühle und erlebe, daß die Fülle der Differenz zwischen gelebtem und zu lebendem Leben zugunsten des gelebten Lebens wächst und wächst, sehe und erlebe ich auf dem Hintergrunde dieses Tatbestandes auch ein mit der Reifung der geistigen Person selbst wieder steigendes «Überschießen» der geistigen Akte über das immer sterbensbereitere Leben.

Hier besteht ein weiteres merkwürdiges Wesensverhätlnis, von dem bisher wohl jedes der beiden Glieder gesehen wurde, aber selten beide zusammen rein und in einem Blicke. Die philosophische Grundlegung der Biologie kann zeigen, daß Oskar Hertwig und

Hans Driesch auch phänomenologisch recht haben, wenn sie folgenden Satz als Axiom, als materiales Apriori dieser Wissenschaft – im Gegensatz zu dem Erhaltungsprinzip der toten Natur, daß nichts werden kann, sofern nicht im Gewordenen ein besonderer Grund dafür bestehe – ansehen: Es kann aus den Teilen einer Keimzelle jeder beliebige Teil des künftigen Organismus werden, sofern und soweit nicht schon etwas Bestimmtes, z. B. auch eine noch rudimentäre Organveranlagung, geworden ist. Alles, was an Organen noch werden kann, ist in dem Maße jeweilig eingeschränkt, als schon etwas Bestimmtes geworden ist. D. h. die wesenhafte Richtung alles *Lebens* – gegenüber der toten Natur – ist die Richtung von maximaler *Freiheit* zu maximaler *Gebundenheit*, welche letztere mit dem Tode zusammenfällt. Genau *entgegengesetzt* aber ist die Wesensrichtung der Entwicklung unseres *Geistes:* Sie geht in der Richtung der maximalen Gebundenheit durch die Lebensbedürfnisse zur vital freien und freieren Hingabe an den puren Gehalt der Sachen, Werte, Personen. Je gebundener jeder Schritt des Lebens – objektiv, und subjektiv im Lebensgefühl und seinen Modi – durch die schon vollzogenen Schritte wird, je differenzierter, aber auch je starrer und unplastischer die Organisation bis zu den mannigfachen Erscheinungen der Verkalkung der Blutgefäße wird z. B. beim Menschen, desto mehr *löst sich* die geistige Person aus der Umklammerung durch die Lebenstriebe. Dieses Grundverhältnis kehrt wieder zwischen Tier – das nur vorstellt und wahrnimmt, wo es bedarf – und Mensch, dem vital fixiertesten Typ, in dem sich das geistige Leben von den Lebensbedürfnissen befreit; es kehrt wieder zwischen der vital plastischeren, entwicklungsgeschichtlich älteren, aber weniger sachhaft gerichteten Frau und dem weit unplastischeren, sachlicheren, entwicklungsgeschichtlich jüngeren Manne, zwischen dem Kinde und dem Reifen, zwischen jungen und alten Gemeinschaften.

Wie weit in der Wesensreihe das Fortleben der Person reichen kann? Ich sage: *So weit* dieser Überschuß reicht – *der Überschuß des Geistes über das Leben*. Mehr weiß ich nicht.

Aber eines beachte man wohl: Kein Wort ist bisher gefallen über die Frage, wie sich das Wesen einer geistigen Personalität zum Wesen eines *Leibes* verhält. Leib, das ist nicht = organischer Körper, der nur der äußerlich wahrnehmbare und in selbst noch vital bedingten kategorialen Formen gegebene «Leib» des Leibes ist, den wir uns zur unmittelbaren Selbstgegebenheit bringen können. Er ist keine assoziative Zuordnung innerer und äußerer sog. Empfindungen, z. B. Gesichts- und Organempfindungen, sondern eine psychophysisch indifferente phänomenale Gegebenheit, ohne die der Begriff der Empfindung eine Absurdität ist. Empfindung ist Leibzustand – nicht der Leib = Summe von Empfindungen und gewissen Assoziationen zwischen diesen. Wir lernen wohl, was im einzelnen zueinandergehört, z. B. Magen und Magenweh, wo im objektiven Raume der Leib anfängt und aufhört usw. Aber, *daß wir Leib besitzen*, lernen wir nicht induktiv oder durch Assoziation. Wir müssen nicht erst lernen, daß wir keine «Engel» sind! Das ist nur eine der sonderbaren Mären der falsch verstandenen Assoziationspsychologie. Und darum ist es sogar eine Wesenseinsicht, daß *zu einer Person ein Leib gehört*. Und darum wissen wir: *Wenn* unsere geistige Person den Tod überdauert, dann ist ihr auch ein «Leib» gewiß. Denn auch in allen Jenseitsen, von denen die Mystagogen träumen, gelten die Wesenszusammenhänge. Welcher, wie? – das weiß ich nicht. Ich weiß ja auch nicht, daß ich fortleben werde – außer in der Sterbensstunde. Nicht also zu jener Lehre eines sog. spiritualistischen Unsterblichkeitsglaubens mit leiblosen Seelenpünktchen können wir auf diesem Wege gelangen. Im Gegenteil: Diese ist sicher falsch, und – wie Leibniz klar und scharf sagt – selbst die bildhaften Ideen der christlichen Kirche von «der Auferstehung des Fleisches» sind unendlich tiefer und sinnvoller als jene modernen Lehren von den leiblosen «Seelenpunktsubstanzen» und ihre sog. «Beweise» für sie.

Hier ist die Grenze erreicht. Daß die Person nach dem Tode existiert, dies ist purer Glaube, und unberechtigte, ehrfurchtslose Neugier erst recht jede Frage, wie. «Es ist der Stand des Glaubens, nicht des Schauens, es zu behaupten.» –

Typen des philosophischen Glaubens an die persönliche Fortdauer

Es wäre nun von höchstem Interesse, die besonderen positiven Anschauungen der Völker, der großen Denker und Dichter zu durcheilen, um auf diese Weise eine *ideale Typik* zu gewinnen von den Arten und Weisen, in denen das aufgewiesene Grundphänomen des persönlichen Fortlebens nach dem Tode eine bestimmtere Gestalt des Glaubens gewonnen hat. Ich begnüge mich am Schlusse, zwei Idealtypen dieses Glaubens zu erwähnen, die zugleich der Glaube zwei der größten Genien Deutschlands und der Welt gewesen sind: der Glaube Goethes und Kants.

Leicht verwechselt man die u. a. in Japan herrschende Lehre von dem «*Überleben der Ahnen*» mit der Lehre vom «Fortleben der Person». Und doch trennt sie eine Welt. Denn dieser Glaube beruht auf einer völlig anderen Intuition als jener vom Fortleben der Person. Man sei sich klar: Was allein hier nach dem Tode des Menschen existiert, das ist nicht seine individuelle Person – die nicht lebensbezogene –, es ist der Mensch als Ahn eines lebenden Menschen, es ist die verdinglichte *Vitalkontinuität* der ungeschlossenen Ahnenreihe. Und nur als *Glied* in dieser Reihe gesehen, ist der Mensch hier seinen Tod «überlebend» – nicht aber fort- und hineinlebend in eine neue personale Ordnung. Der letzte Japaner – er ist nicht mehr unsterblich; denn er ist kein Ahn. Darum findet sich überall, wo dieser Glaube herrscht, auch eine Abhängigkeit der Toten von den Lebendigen in vital gebundener Wirksamkeit. Der Ahn braucht Opfer, braucht Nahrung, braucht Speise, Trank. Nicht die Person und das geistige Überschußphänomen führt zu diesem Glauben, sondern das gleichfalls bestehende Überschußphänomen des *Lebens* über die sinnlichen Zustände und toten Körper, des Leibes über den Körper. Die Person ist hier noch nicht entdeckt, und ebensowenig das Überschußphänomen des Geistes über das Leben.

Die Lehre von der «Ewigkeit des Geistes» ist der Kern der platonischen Lehre, ist das Platonische an ihr im Unterschied von den mehr oder weniger mythischen Rezeptionen und ihren Rationalisierungsversuchen, die Platon an den aus Asien kommenden Lehren der Orphiker vornahm[1]. Aristoteles, der die persönliche Fortdauer bestimmter leugnet, reinigte die Lehre von ihren mythischen Bestandteilen. Bei Johannes spielt sie eine große Rolle. «Ewiges Leben» in diesem Sinne hat aber mit der Fortdauer der Person nichts zu tun. Denn dieses sog. «ewige Leben mitten in der Zeit», wie der unklare theologische Ausdruck lautet, ist faktisch nur ein zeitliches Leben im sog. «Ewigen», d. h. in Gehalten, deren Sinn zeitlos ist. Seine Annahme setzt persönliche Fortdauer so wenig,

---

[1] Vgl. Erwin Rohde, «Psyche».

wie andererseits die Annahme der persönlichen Fortdauer die Scheidung von Akten, die auf zeitlosen Sinn gerichtet sind, und solchen, die auf Zeitliches gehen, ausschließt. Auch Spinoza – der persönliche Fortdauer streng leugnet – kannte dieses Leben im sog. Ewigen, d. h. Zeitlosen, ja er kannte es wohl am allerbesten.

Auch diese Lehre beruht nicht auf jenem geistigen «*Überschuß-phänomen*». Von den unendlich vielen Lehren, die auf ihm beruhen, nehme ich nur die *Kants* und *Goethes* heraus. Daß sie nur spezifische *Ausgestaltungen* sind der unendlich vielen Lehren, die auf diesem Grundphänomen beruhen, zeigt, daß sie dieses selbst nicht in seiner vollen Reinheit aufweisen. Darum nenne ich sie nur *Typen* des Glaubens an die persönliche Fortdauer.

Für Kant ist es das Überschußerlebnis einer unendlichen Pflicht, eines unendlichen «*Sollens*» über die Grenzen, die die Kürze unseres Lebens für die Vierwirklichung solcher Pflicht erlaubt. Indem Kant diese unendlich sittliche Aufgabe vor sich sieht, die der «kategorische Imperativ» setzt – an Erhabenheit für ihn nur mit dem Sternhimmel vergleichbar –, und gleichzeitig hinblickt auf die Endlichkeit des Lebens, den Zufall des Todes und die Schwäche der menschlichen Kräfte gegenüber dieser Aufgabe – vergleichbar mit dem Abstand unserer Häupter von den Sternen –, ergeht in ihm die vernunftnotwendige Forderung oder das «Vernunftpostulat», daß eine persönliche Existenz auch nach dem Tode zur Erfüllung dieser Forderung anzunehmen sei.

Dagegen ist es bei Goethe, dem Geistesmächtigen, dem ewig Frischen und Reichen, sein geistiges Könnens- und Kraftbewußtsein, das ihn zum Glauben an das Fortleben bestimmt. Aus dem unmittelbaren Bewußtsein des *Kraftüberschusses seines Geistes*, für dessen Betätigung das endliche Erdenleben ihm keinen genügend großen Garten des Schaffens verheißt, erwächst ihm *unmittelbar* die Überzeugung, daß diese seine «Entelechie», wie er sagt, den Tod überdauern müsse. Stets gespürte Unangemessenheit dieses nach endloser Bestätigung, nach endlosem Schaffen und Wirken und nach endlosem Glücke leidenschaftlich drängenden Geistes mit dem sicheren und klaren Schicksal des alternden Leibes – das ist es, was ihm das Fortleben zur Glaubensgewißheit machte.

«Ich möchte keineswegs das Glück entbehren, an eine künftige Fortdauer zu glauben, ja ich möchte mit Lorenzo von Medici sagen, daß alle diejenigen auch für dieses Leben tot sind, die kein anderes hoffen ... Wer an eine Fortdauer glaubt, der sei glücklich im stillen

– aber er hat nicht Ursache, sich darauf etwas einzubilden.» (1824.)

«Mich läßt dieser Gedanke [an den Tod] in völliger Ruhe, denn ich habe die feste Überzeugung, daß unser Geist ein Wesen ist ganz unzerstörbarer Natur, es ist ein fortwirkendes von Ewigkeit zu Ewigkeit. Es ist der Sonne ähnlich, die bloß unsern irdischen Augen unterzugehen scheint, die aber eigentlich nie untergeht, sondern unaufhörlich fortleuchtet.» (1824.)

«Ich zweifle nicht an unserer Fortdauer, denn die Natur kann die Entelechie nicht entbehren. Aber wir sind nicht auf gleiche Weise unsterblich, und um sich künftig als große Entelechie zu manifestieren, muß man auch eine sein.» (1829.)

«So auch bedarf der Philosoph nicht das Ansehen der Religion, um gewisse Lehren zu beweisen, wie z. B. die einer ewigen Fortdauer. Der Mensch soll an Unsterblichkeit glauben, er hat dazu ein Recht, es ist seiner Natur gemäß, und er darf auf religiöse Zusagen bauen; wenn aber der *Philosoph* den Beweis für die Unsterblichkeit unserer Seele aus einer Legende hernehmen will, so ist das sehr schwach und will nicht viel heißen. Die Überzeugung unserer Fortdauer entspringt mir aus dem Begriff der Tätigkeit; denn wenn ich bis an mein Ende rastlos wirke, so ist die Natur verpflichtet, mir eine andere Form des Daseins anzuweisen, wenn die jetzige meinen Geist nicht ferner auszuhalten vermag.» (1829.)[1]

Von diesen Typen des Unsterblichkeitsglaubens steht der Goethesche der Wahrheit am nächsten. Jede Pflicht ist in einem *Können* mitfundiert – und dieses Bewußtsein des Könnens, des geistigen Könnens von *mehr* als dem, wofür uns im irdischen Leben Bedingungen und Werkzeuge geworden sind, ist es, das eine der letzten anschaulich evidenten Sicherheiten für ein Fortleben gibt. Das Sinken dieses Glaubens stellt daher zugleich immer ein Zeugnis dar für ein Sinken des geistigen Potenzbewußtseins.

Es ist die primäre und tiefe Erfahrung einer *Freiheit des Könnens unserer geistigen Existenz* gegenüber den Verbindlichkeiten, die sie durch ihre Verknüpftheit mit einem irdischen Körper einging, was die wahre, fortdauernde Quelle des Unsterblichkeitsglaubens ist.

---

[1] Vgl. Joh. Peter Eckermann: «Gespräche mit Goethe».

Zusätze

A. «*Methoden im Studium der Frage nach dem Fortleben*»

Die Wege, die bisher beschritten wurden, um auf die Frage des Fortlebens eine Antwort zu erhalten, sind im wesentlichen die *fünf* folgenden gewesen: der Weg der metaphysisch-rationalistischen Konstruktionen – so alle Versuche, aus der Natur der sog. Seelensubstanz, z. B. aus ihrer «Einfachheit», etwas über ihre Fortdauer auszusagen; der Weg der Empirie bezüglich der Seelen gestorbener Menschen, die sich uns auf irgendeine Weise äußern, also mit Lebenden in irgendeine Verbindung treten (Mystizismus, Spiritismus usw.); der Weg der moralisch fundierten Forderung oder des Postulates (Kant); der Weg der gläubigen Hinnahme irgendeiner Offenbarung über das Schicksal der Seele; der Weg mehr oder weniger kühner Analogiebildungen und -schlüsse, die Grundverhältnisse unserer Erfahrung auf die Daseinssphäre außerhalb unserer Erfahrung übertragen (Fechners «induktive Metaphysik», z. B. seine Annahme, es sei der Tod eine Analogie zur Geburt, eine zweite Geburt, und ähnliches mehr).

Es soll hier nicht genauer untersucht werden, welche Aufschlüsse wir auf diesen Wegen erhalten können. Nur dies soll kurz begründet werden, warum wir einen grundsätzlich verschiedenen Weg einschlagen – ohne damit die anderen Wege zu verurteilen.

Einen dieser Wege will ich hierbei für unser Ziel in diesem Buche[1] ausscheiden, nicht etwa sein inneres Recht in Frage ziehen. Das ist der Wege der *Glaubens*hinnahme einer Offenbarung Gottes. Er ist meines Erachtens nicht nur berechtigt, sondern notwendig. Aber er liegt außerhalb der Kompetenz der Philosophie. Wohl kann die Philosophie noch zeigen, was das Wesen dieser Erfahrungsform ist, weiterhin, daß sie von allen anderen Erfahrungsformen wesensverschieden ist, und daß sie eine notwendige und von keiner Erfahrungsform herleitbare Quelle des (gläubigen) Annehmers gewisser Daseinskontakte und ihnen entsprechender Wahrheiten ist, die dem Menschen nur in dieser Form zuteil werden

---

[1] [Gemeint ist ein vom Verfasser ca. 1916 geplantes Buch «Der Sinn des Todes», dessen Disposition im Nachlaß erhalten ist. Manuskripte der Spätzeit des Verfassers über den Tod werden demnächst in den «Gesammelten Werken», Bd. 12, *Philosophische Anthropologie*, erscheinen. Hrg.]

können. Aber ihr Gehalt wie die Rechtfertigung eines bestimmten Gehaltes von Offenbarung ist der Philosophie unzugänglich. Der innere Zusammenhang der Offenbarungsgehalte, ihre Systematik ist Gegenstand der Glaubenswissenschaft, d. h. der Theologie, nicht der Philosophie. Dieser Zusammenhang ist in sich selbst geschlossen und abgeschlossen. Er bedarf im einzelnen keiner philosophischen Rechtfertigung und verträgt keine philosophische Kritik. Es kann ja freilich keinen Zweifel dulden, daß, wenn uns Gott überhaupt durch heilige, mit ihm in einer besonderen Form von Gemeinschaft stehende Personen Mitteilungen gemacht hat, oder wenn Gott, wie ich als Christ glaube, in Christus selbst auf Erden erschienen ist, er uns auch über unser Schicksal nach dem Tode bestimmte Aufschlüsse gegeben haben werde. Aber wir gedenken in diesem philosophischen Werke von diesen Aufschlüssen keinen Gebrauch zu machen. –

Von den übrigen Wegen scheint mir keiner mehr an Überzeugungskraft verloren zu haben als der Weg der *rationalistischen Konstruktion*. Denn es ist immer klarer zur Einsicht gekommen, daß es solcher Konstruktionen unbestimmt viele gibt, welche die Tatsachen der Erfahrungen ebensowohl gestatten, als doch nicht eindeutig fordern. Es gibt kaum eine der für unsere Fragen positiven oder negativen Hypothesen über den realen Träger der geistigen Akte und Prozesse, die nicht mit den uns bekannten Tatsachen der seelischen Prozesse, ihrer Abhängigkeit vom Leibe und des Leibes von ihnen, irgendwie «vereinbar» wäre, und die nicht mit anderen Hypothesen einer rationalistischen Metaphysik zu einem widerspruchslosen Zusammenhang zu bringen wäre. Aber eben darum ist keine von ihnen notwendig. Der verstorbene Philosoph Hugo Münsterberg hat diesen Satz in seinen «Grundzügen der Psychologie» sehr klar und sehr sicher erhärtet. Abgesehen hiervon bedeuten Resultate, die auf diesem Wege gewonnen würden, für unser Verlangen nach Einsicht – jener Einsicht, die gar nicht gegeben sein kann, ohne daß sie zugleich unser Wollen bewegt, ja unser Leben als Ganzes auf eine neue Stufe hebt – fast nichts. Ob ich am Schreibtisch urteile, es sei mir eine unzerstörbare Seelensubstanz eigen oder das Gegenteil, das bedeutet so lange, als diese Urteile nicht durch bestimmte Anschauungsinhalte, Erlebnisinhalte und Wesenseinsichten auch *deckbar* sind, für all das, was mir den Sinn jener Frage bedeutsam macht – damit aber auch für die Not, die mich zum Fragen nach diesem Sinne führt, und für die Folgerungen des So- oder Anderslebens, die sich aus ihrer Bejahung oder Verneinung ergeben – so gut wie nichts. Damit bin ich weit entfernt, den Irrtümern des sog. *Pragmatismus* irgendein Recht einzuräumen. Ob unser geistiges Wesen über den Tod hinaus fortexistiert oder nicht, ist eine rein theoretische Frage. Die praktische Folge, d. h. die So- oder Andersdetermination unseres Handelns durch Bejahung oder Verneinung der Frage, hat für deren Richtigkeit oder Falschheit keine Bedeutung. Es ist vielmehr die *Einsicht*, die auch unser Handeln zu leiten hat und, je adäquater sie ist, auch wirklich leitet. Wohl aber dürfen wir – durch Rückschluß – aus dem Satze, daß echte und volle Einsicht auch unser Wollen und Handeln notwendig mitbewegt, immer annehmen, daß da, wo diese Mitbewegung nicht stattfindet, auch echte und volle Einsicht nicht vorlag. –

Das muß auch gegenüber der Methode der sog. *Vernunftspostulate*, die Kant einschlug, aufrechterhalten bleiben. Die Forderung nach einem über meinen Tod hinausliegenden Daseinsfelde auf Grund eines Sollenserlebnisses, das ich als «Faktum der reinen Vernunft» in mir fühle und das, wie es nicht stammt aus empirischen Einzelerlebnissen als deren genetisches Produkt, auch an solchen keine Grenze – seinem Sinne nach – findet, ist genau so einsichtslos und blind, wie sie eben nichts weiter ist als eine «Forderung». Daß Sein und Wirklichkeit mir diese Forderung auch bewilligen, daß sie mehr sei als ein «leerer Wunsch», das folgt auch aus der kräftigsten «Forderung» nicht. Auch die Erhabenheit der Motivierung dieser Forderung durch ein allgemeingültiges und unendliches Pflichtgebot der reinen Vernunft selbst kann mir ihre Erfüllung nicht wahrscheinlicher machen als ihre Nichterfüllung. Sie ist nur eine subjektive Tatsache, der zu genügen die Welt und ihr Grund keine Verpflichtung einging, die mir bekannt wäre. Es mag sein, daß die Einsicht in meine Fortexistenz, oder der Punkt meiner geistigen Lage, da sie stattzufinden vermag, nicht unabhängig davon ist, daß ich den Ruf einer unendlichen Pflicht, eines seinem Sinne nach empirisch unbegrenzten Sollens in mir vernehme und sogar ihm im Leben möglichst stetig gehorche. Dann wäre doch nur das Stattfinden dieser Einsicht – nicht ihr Gehalt, erst recht nicht das ihr entsprechende Sein – moralisch-praktisch bedingt. Dazu ist es auch moralisch bedenklich, wenn sich ein Mensch auf Grund einer unendlichen Aufgabe, die ihm in jenem Imperativ sich gegeben findet, für «würdig» erachten soll, seinen Tod auch unendlich zu überdauern. Auf alle Fälle hätte er selbst zur bloßen Forderung (abgesehen von ihrer Erfüllung) solchen unendlichen Daseinsfeldes nur das Recht, wenn er mindestens sein Leben lang überall und immer diese Forderung nicht nur rein erlebt, sondern ihr auch Gehör gegeben und praktisch sich immer nach ihr betragen hätte. Denn wieso solchen Menschen, die im Leben dieser Forderung nicht genügten oder nur streckenweise und halb, die Natur der Dinge ein unendlich dauerndes Daseins- und Wirkensfeld einräumen auch nur «sollte», das ist, da sie doch schon dieses kleine Feld des hiesigen Lebens ganz oder zum Teil mißbrauchten, wahrlich nicht einzusehen. Der «Sünder» könnte nach Kant zu dieser Forderung nicht einmal als Forderung gelangen. Er müßte gerade in einem endgültigen Tode sogar die gerechte Vergeltung für sein Verhalten erblicken.

Obzwar Kant diese Folgerung nicht zieht, ja vielmehr die Guten und Bösen gleichmäßig als fortlebend annimmt und sogar eine gerechte Vergeltung für sie fordert, hätte er sie – sachlich – doch auf Grund seiner Voraussetzungen zu ziehen gehabt. Das leuchtet auch dadurch ein, daß Kant eine intelligible Freiheit zum Bösen nicht kennt, der freie vernunftbestimmte Mensch für ihn vielmehr eben der gute Mensch ist, der Böse aber nur der neigungs- und triebüberwältigte Mensch. Da aber die Forderung der Unsterblichkeit doch nur aus der vernünftigen Freiheit heraus gestellt wird, kann sie auch der Mensch, soweit er böse und Sünder ist, überhaupt nicht stellen.

Auch die ausschließliche Nur*allgemein*gültigkeit und inhaltliche Identität des Sittengesetzes, auf dem Kants «Forderung der reinen Vernunft» nach Fortleben doch beruht, – der Mangel seines Systems, ein *individualgültig Gutes* für jedes Individuum und analog eine jeweilige «Forderung der Stunde» anzunehmen –, spricht *gegen* das Recht der Forderung, schon als «Forderung». Das Sittengesetz mag eine unendliche Aufgabe stellen. Aber ist nicht auch das Hinzutreten immer neuer und neuer Einzelmenschen in Geburt und Tod, die dieser immer und für alle identischen Forderung zu genügen haben, ein unbegrenztes? Warum soll nicht die Menschheit als Ganzes der unbegrenzten Forderung genügen können, der zu genügen ein endliches Einzelleben zu kurz ist? Ich würde begreifen, wenn Kant nur die unbegrenzte Fortdauer der Menschheit als «Postulat» aufstellte; zu der des individuellen Fortlebens besteht für ihn kein inneres Recht. Denn nur da darf und soll das Individuum ein Fortleben seiner auch nur sinnvoll und gerechtermaßen «fordern», wo es die Überzeugung hat, daß ihm neben und unabhängig von seinen allgemeingültigen, also durch andere prinzipiell in ihrer Verwirklichung vertretbaren Aufgaben und Pflichten auch noch eine *eigentümliche* Aufgabe und Pflicht auferlegt ist, die unvertretbar und nur durch es selbst zu erfüllen ist; wo auch ein eigentümliches Idealbild seines Werdens ihm als objektiver Wert vorschwebt, an dessen Realisierung es sein eigentümliches «Heil» geknüpft weiß. Ist die Menschenseele nicht nur empirisch zu abgegrenzten Aufgabesphären ersetzbar, sondern auch metaphysisch ersetzbar, also ersetzbar auch in bezug auf die sittliche Gesamtaufgabe des Reiches aller endlichen Geister, so sehe ich nicht, wie sie ein Fortleben über den Tod hinaus auch nur sinnvoll «fordern» dürfte – gleichgültig, ob der Forderung durch die Natur der Dinge genügt werde oder nicht. –

Die Methode der *empirischen* Feststellung durch etwaigen Verkehr mit den Seelen Verstorbener wäre, wenn sie zu sicheren Resultaten führen würde, natürlich eine der besten, die sich denken läßt, ja die vollkommenste schlechthin. Für mich fällt dieser Weg schon darum aus, da ich über Erfahrungen oder Beobachtungen solcher Art nicht verfüge, auch nicht wage, die vorhandenen Materialien zu beurteilen. Auf alle Fälle aber weiß ich, daß es überhaupt keine experimentale und induktive Methode gibt, also keine der natürlichen Physik, Chemie, Psychologie, die nicht intuitive Wesenseinsichten, darauf ruhende Prinzipe und elementare Begriffsbildungen, dazu noch gedankliche Hypothesen, gemäß deren Sinn die Erfahrung befragt wird, voraussetzte. Das heißt aber: Es wird diese Methode – auch wenn sie sonst völlig einwandfrei wäre – immer zu Tatsachen führen, die rein für sich einer unendlichen Vieldeutigkeit der Interpretation unterliegen; dies wenigstens so lange, als die Tatsachen nicht schon im Geiste einer bestimmten Philosophie angesehen und interpretiert werden. Schon darum setzt sie unsere Arbeit zum wenigsten voraus. Die relativ am sichersten belegten «Erscheinungen» dieser Art werden denn auch von ihren kundigsten Interpreten so grundverschieden «erklärt», daß die Annahme, es seien «Geister der Verstorbenen», die sich in ihnen äußern, jedenfalls nur eine der möglichen Annahmen ist.

Die Behauptung der Kantianer zwar, es könne sich bei diesen «Erscheinungen» überhaupt um keine Indizes von realen Sachen handeln, da die Einordnungsfähigkeit einer Erscheinung in einen einheitlichen Zusammenhang von Naturgesetzen oder ihre Gliedstelle im System der logisch geordneten Zusammenhänge ja «das» Kriterium ihrer objektiven und realen Bedeutung sei, müssen wir abweisen. Denn weder besitzen wir ein ideal vollkommenes System aller Naturgesetze, noch ist es für irgendeine Erfahrung richtig, daß ihr vermöge dieser Einordnung erst der Anspruch auf objektivreale Bedeutung zukomme. Da aber schon meinem irdischen Nachbarn gegenüber, der zu mir redet und den ich sinnlich wahrnehme, das rein sinnlich-empirische Material meiner Erfahrung lange nicht zureicht, ihm eine persönlich-geistige Existenz zuzuschreiben, oder besser: meine klare Einsicht in den Bestand seiner Existenz verständlich zu machen – ohne Zuhilfenahme *außer*sinnlicher Einsichten der Anschauung und Vernunft –, so kann auf diesem immer noch sehr nebulosen Gebiet vermeintlicher Experimente und Erfahrungen eine Annahme über die Realität erst zugelassen werden, wenn wir eine spezielle Erkenntnistheorie anderer geistiger Wesen bereits ausgebaut haben. Darum lassen wir auch diesen Weg wirklich oder vermeintlich «transzendenter Erfahrungen» hier völlig dahingestellt. –

Der Fechnerschen Methode der *Analogien* endlich fühle ich mich in vielem einzelnen näher als den genannten Methoden. Teilt sie doch mit dem, was ich zu geben habe, vor allem das *immanente Prinzip*, d. h. das Prinzip, die Frage nicht auf Grund sei es rationaler Konstruktion, sei es direkter Erfahrung an den sog. Seelen der Verstorbenen zu entscheiden, sondern ausschließlich an dem Gehalte, der in der Fülle unserer irdischen Lebenserfahrung gegeben ist. Diesen Gehalt nach Formen, Regeln, Gesetzen, die in ihm selbst liegen, über das Erfahrene hinaus zu *erweitern*, ihn so aber in einen umfassenden Daseinszusammenhang zu stellen, der ihm selbst wieder in seinen Verknüpftheiten analog nachgebildet ist: diese Mischung von schöpferischer Phantasie und rationaler Analogiebildung war die noch wenig – logisch – durchschaute Methode des großen, erhabenen, sinnigen, aber auch spielerischen und oft allzu harmlosen und kühnen Kindes, das Fechner hieß.

Es scheint mir zweifellos, daß Fechner – methodisch, von seinen Resultaten rede ich hier nicht – ein starkes instinktives Gefühl für die Wahrheit besaß, daß wir mit Hilfe von Wesenseinsichten, die wir – nicht durch, sondern – *am* uns erfahrungsmäßig zugänglichen Dasein der Dinge gewinnen, die Sphäre dieses Daseins in der Erkenntnis auf solche umfassendere Daseinssphären *erweitern* können, die in keinem direkten oder indirekten Daseinskontakt mit uns stehen. D. h. Fechner hatte ein Gefühl für die Grundeinsicht, die für das Dasein und den Sinn einer Metaphysik entscheidend ist: daß unsere pure Was- und Wesenseinsicht der Welt – obzwar sie «an» einem einsichtig eng begrenzten Daseinsbezirk der Dinge gewonnen ist – diesen Bezirk unendlich *überragt*, und daß wir *Wesens*zusammenhänge auch eines Daseins noch zu erkennen vermögen, das uns als *dieses und jenes Dasein* verschlossen ist. Er hatte ein Gefühl für den Logos, d. h. den systematischen Inbegriff aller Wesenszusammenhänge, der das Getriebe unserer zufälligen Daseinserfahrung als eines minimalen Winkels aller nur «möglichen» Daseinserfahrung durchleuchtet und durchgeistet, der aber – seinem Sinne und seiner Geltung nach – über diesen Winkel weit hinaus Sinn und Geltung beansprucht *auf alles mögliche Dasein überhaupt*. Sein oft so flach kritisierter Gedanke, man müsse an der Hand der Erfahrung die Erfahrung überschreiten – nicht durch rationale apriorische Prinzipe im Sinne Kants –, und es lägen im Gehalte der Erfahrung selbst die empirischen Anzeichen, daß man sie überschreiten müsse, die Richtungen und Linienfragmente, denen entlang schreitend man sie überschreiten könne, dürfe und solle; es sei Erfahrung *selbst* – nicht eine Vernunftforderung, die wir an sie stellen – die Künderin ihrer Unzulänglichkeit und ihrer weiteren Zusammenhänge, barg eine der tiefsten Wahrheiten in sich, die je in der Philosophie gedacht wurden.

B. «*Onus Probandi*»

Wer die «Last des Beweises» für die Fortdauer der Person zu tragen hat, das richtet sich ganz danach, was denn «*Person*» überhaupt ist und bedeutet, und welches Wesensverhältnis zwischen der Person und dem Prozesse des *Lebens* stattfindet. Es gibt hier eine Reihe einfacher Alternativen.

Ist erstens die *Person* nur ein Kollektiv ihrer einzelnen Akte, z. B. eine Verwebung derselben in der Zeit, so muß mit dem Fortfall ihrer Akte auch sie selbst aufhören. Ist sie dagegen kein solches Kollektivum, sondern etwas, zu dessen Wesen es zwar gehört, nur in Akten zu sein und zu existieren, etwas aber, das sich in seinen einzelnen Akten und deren Summe wesenhaft nie erschöpfen kann – so daß ihr wesenhaft eine unendliche Reihe von Akten zugehört –, so *kann* auch der Fortfall eines bestimmten Aktes oder einer beliebigen Mehrheit solcher Akte nur ein Fortfall für unsere *Erkenntnis* der Person sein, braucht aber nicht ein Aufhören ihrer selbst zu bedeuten. Ist mir auch nur ein einziger Akt erkennbar, so ist damit die Existenz einer Person, die diesen Akt vollzieht, festgestellt. Gewahre ich keinen weiteren Akt der Person mehr, so *kann* zwar die Existenz der Person – samt der ihr zugehörigen unendlichen Aktreihe – aufgehört haben; denn niemals folgt aus dem Wesen einer Sache etwas über ihre Existenz. Aber gleichwohl fällt dann das *onus probandi* demjenigen zu, der ihre *Nicht*existenz behauptet.

Zweitens kommt für die Frage des onus probandi in unserem Fall in Betracht, wie sich die innere Gesetzmäßigkeit der *Akte* zu den Gesetzen verhält, nach denen sich der *Lebens*prozeß vollzieht. Sind die Aktgesetze irgendwie Folgen oder Anwendungen biologischer Gesetzmäßigkeiten, so muß zunächst angenommen werden, daß auch die Akte selbst mit dem Lebensprozeß aufhören und erlöschen. Sind sie dies aber nicht, gibt es eine *autonome* geistige Gesetzlichkeit, die mit der vitalen Gesetzlichkeit durch kein Band des Wesens – sondern nur de facto – verknüpft ist, so ist so lange anzunehmen, daß auch die geistigen Akte der Person sich weiter und weiter vollziehen, wenn die Lebensgesetze den Tod des Organismus fordern, als kein in der Person selbst liegender innerer Grund, oder der Eingriff einer auch der Person überlegenen Macht, ihrer Existenz ein Ende setzt. Das onus probandi fällt dann demjenigen zu, der das Fortleben nach dem Tode leugnet.

Wir sagen also nicht, daß man aus dem Wesen der Person und dem Wesen ihrer Akte und Aktgesetzlichkeit irgend etwas über die Existenz der Person – sei es vor oder nach dem Tode – «beweisen» oder erschließen könne. Jeder solche Versuch trüge den Irrtum des ontologischen Beweises in sich. Nur das sagen wir, daß, wenn und sofern die Existenz einer Person bereits festgestellt ist, die Beweislast bezüglich ihrer Fortexistenz verschieden ausfällt, je nachdem diese Wesensfragen die eine oder andere Antwort finden. Aber auch wenn die Beweislast im Falle der Wesensunabhängigkeit von Person und Akt und von geistiger und biologischer Gesetzmäßigkeit dem Leugner des Fortlebens zufällt, so wäre damit nie *mehr* gesagt, als daß der Tod «kein Grund» für das Aufhören der Person sein könne. Keineswegs wäre hierdurch ihre Fortdauer «bewiesen». Es könnte dann immer noch an dem Verhalten der Person selbst liegen, an ihrer von den biologischen Gesetzen freien Tat, ob sie fortexistiert oder nicht. Ihre Fortexistenz selbst wäre – gleichsam – noch völlig offen für sie.

Endlich wird die Frage des onus probandi ganz davon abhängen, wie die eigene Person und wie die fremde Person als existent *zur Gegebenheit kommt*. Muß ich, um die Existenz meiner Person zu erleben, im Erleben durch die Setzung und Kenntnisnahme der Existenz meines Körpers hindurchschreiten, so, daß ich ihre Existenz als auf der meines Körpers «aufgebaut», als durch ihn «getragen» erlebe, – *oder* ist dieser Körper, den ich den «meinen» nenne, nur dadurch für mich ausgezeichnet, daß er mir als zu meiner Person und ihrer individuellen Artung «gehörig», *«mir» als Person «unterworfen» gegeben*, und als derjenige Teil der universellen Körperwelt aus deren Ganzem ausgeschieden ist, in dem sich die unmittelbar zur Person gehörige Leibsphäre «darstellt»? Und Analoges gilt für die Gegebenheit der fremden Person. Wie wird wesensmäßig ihre Existenz erlebt? Geschieht es so, daß ich diese ihre Existenz erschließe – sei es durch Kausal- oder Analogieschluß – aus den Beschaffenheiten, den Bewegungen usw. ihres Körpers, der mir also bereits als existent «gegeben» sein müßte? Dann fordert auch die Logik, daß ich die Existenz der Person aufgehoben denke, wenn die Gründe meiner Annahme, eben jene Beschaffenheiten und Bewegungen ihres Körpers, fortfallen. Und dasselbe wird gelten, wenn die Annahme ihrer Existenz auf einer – durch die Wahrnehmung ihrer körperlichen Bewegungen bedingten – Einfühlung meines oder eines wesensgleichen «Ich» in das Bild ihres Körpers beruht.

Anders aber wird es sein, wenn ich in ihren «leiblichen» *Ausdruckserscheinungen* und ihrer besonderen Artung den Gehalt ihres Erlebens und dieses selbst wahrhaft wahrnehme und als «ihren» Körper denjenigen Teil der universellen Körperwelt erfasse, an dem sich mir die Ausdruckserscheinungen auf die unmittelbarste Weise abspielen, in und durch die hindurch ihr Erleben mir zur Gegebenheit kam. In diesem Falle ist mir auch schon während des Lebens der Person ihre unsichtbare persönliche Existenz nicht gegeben vermittels des erlebenden Hindurchschreitens durch die Setzung ihres Körpers. Dieser ist dann nur gegeben als die Grenze eines gewissen eigenartigen «direkten» Herrschaftsbereiches der Person innerhalb der Körperwelt – derselben Art von «Herrschaft», die mir aus dem erlebten Verhältnis meiner Person zu meinem Körper wohlbekannt ist –, und gleichzeitig als der zeitweilige Schauplatz für ihren Ausdruck, d. h. die bis in die sinnliche Sphäre noch hineinfließenden Endstellen ihres aus ihrem unsichtbaren Zentrum herausquellenden Erlebens. Daß die Person nach ihrem Tode nicht «sichtbar» und «spürbar» ist, bewiese dies in diesem Falle etwas gegen ihre Existenz? Es bewiese darum nichts, da sie ja auch in ihrem Leben selbst nicht sichtbar und spürbar war. Das waren ihre Beine, ihre Muskeln, der Kopf – aber dafür interessieren wir uns nur als Anatomen, als Ärzte, und zwar durch künstliche Abwendung von den Einheiten des Ausdrucks. Ist es in diesem Falle der Fortfall der Ausdruckserscheinungen auf diesem Körper, der zur Annahme Anlaß gäbe, daß die Person nichts mehr erlebe? Offenbar nicht im mindesten. Schon während ihres Lebens war ja die Kenntnisnahme ihrer Ausdruckseinheiten und das Verstehen der Einheiten ihres Handelns nicht auf die Wahrnehmung und Beschaffenheit der Einheiten ihrer Körperorgane und deren Bewegungen «fundiert». Nur das kann man schließen: Der *Schauplatz* ihres Ausdrucks, die Darstellungsart ihres «Leibes» in einem Teil der Körperwelt ist jetzt verändert. Nicht einmal dies also darf man – logisch berechtigt – schließen, daß die Erlebnisse der Person – ein Tatbestand, der ja prinzipiell und logisch genommen auch ohne «Ausdruck» stattfinden könnte – sich vorher ausdrückten, jetzt aber nicht mehr. Nur das dürfte man schließen, daß uns ihr Ausdruck und ihre Handlungen *unzugängig* und nur darum «unverständlich» geworden sind. Denn schon in ihrem Leben war der jetzt zerfallende Körper nur als Schauplatz ihres Ausdrucks und Handelns gegeben, und nicht als Fundament eines Schlusses oder einer Einfühlung. Wieder fällt das onus probandi demjenigen zu, der behauptet, daß jene Veränderung des Teiles der Körperwelt, die im Übergang jenes Körpers in einen Leichnam besteht, etwas anderes sei als ein Wechsel des Herrschaftsbereiches der Person und des Schauplatzes ihrer Erlebnis-Äußerungen.

Die Art unserer Problemstellung zeigt, daß auf alle Fälle die Frage des Fortlebens nach dem Tode ganz und gar abhängig ist von einer Reihe Fragen unseres Er-lebens während unseres Lebens. Niemand kann eben anders *fort*leben, als er schon derzeit – *lebt*, oder schärfer: sein Leben und das, was in ihm sich vor ihm auftut, *er-lebt*. Ich finde nichts verwunderlicher als es die Art ist, wie man gemeinhin diese große Frage behandelt; ich finde kaum einen Ausdruck für dies Verwunderliche. Man scheint zu meinen, es könne der Tod – gleichgültig, ob es ein Fort-leben gibt oder nicht – irgendein Gesetz zur Aufhebung bringen, das schon während des Lebens waltet: so, als ob der Tod einfach das große Wunder wäre, nach dem eben «alles anders ist». Es gibt eine Art von Gläubigen, die – wie schon Fichte so treffend spottet – als den einzigen Grund des Fortlebens das Begrabenwerden zu halten scheinen! Es gibt eine Art von Ungläubigen, die gleichfalls als den einzigen Grund des Nichtfortlebens das Begrabenwerden zu halten scheinen! Beide Teile wissen nicht, daß die Frage des Fortlebens nur an einem Punkte entscheidbar ist: in der strengen, klaren Einsicht in die Art, wie und was wir täglich und stündlich, ja von Sekunde zu Sekunde erleben. Die Frage des Fortlebens ist auch nicht eine Frage, auf die nur der «Tod selbst» keine Lösung geben kann. Wer auf diese «Lösung» wartet – der wartet vergebens. Sehe, fasse, schaue ich es nicht direkt von Angesicht zu Angesicht, daß ich ein Wesen bin, das seines Körpers Meister ist, das Herr und König ist in der Wüste der toten «Dinge» – «bin» ich nicht eben dies in diesem meinem Erleben, in ihm selbst also aufgerichtet; und sehe, fasse, schaue ich nicht in jedem meiner Brüder eine Person als Zentrum einer ganzen Welt, die hinter den paar Sinnesfetzchen liegt, die mir jetzt in Auge und Hand fallen – ein Etwas, das sich in Tiefen erstreckt, die zu erschöpfen meine Liebe und mein Verstehen nie und nie groß genug sein kann –: Wie sollte ich dann – wie sollte dieser Bruder dann das nicht überdauern können, was da Tod heißt? Und wie in aller Welt sollte er es nicht können, wenn ich jetzt es sehe und erlebe?

Lorenzo de Medici sagt, daß «diejenigen auch für dieses Leben tot sind, die kein anderes hoffen». Lassen wir es noch dahingestellt sein, ob es so ist – hier, wo nur von der Art der Stellung des Problems die Rede ist. Aber darin jedenfalls hat Lorenzo de Medici recht, wenn er die Frage als eine solche *jedes gegenwärtigen Lebens* ansieht. Eine der Parteien ist jedenfalls «schon für dieses Leben tot», sei es jene, die es hofft, sei es jene, die es nicht hofft. Nicht nur das gilt, daß der, der seines Fortlebens gewiß ist, anders leben und in seinem Leben anderes erleben wird und muß als der, der des Gegenteils gewiß ist, oder als der Skeptiker, der die Frage dem Tode anheim gibt; sondern eben das, was der Mensch von Sekunde zu Sekunde erlebt – je nach der Haltung, die er zum Dasein, zu sich und zu seinem Nebenmenschen einnimmt –, trägt die Entscheidung der Frage bereits in sich wie die Blüte die Frucht. Jene sehen nicht, daß die Frage entweder sinnlos ist, oder in jedem Lebensmoment entscheidbar; und daß sie ausschließlich «Bedeutung» hat für die Lebenden, und gar keine für die Toten. Und woher wissen sie, es komme nicht eben auf ihr innerstes Verhalten an, auf ihre Art des Lebens, die ihnen in der Reflexion auf ihr Erleben eine Einsicht darüber gewährt?

Man muß es immer wieder diesen Kluglingen und Philistern sagen, was Pascal so klar und großartig zeigt: Es gibt Fragen, die nicht «wir» willkürlich stellen, sondern die bereits in unserer *metaphysischen Situation* im Weltall liegen – *die diese an uns stellt*. Nur Illusion und Angst vermag sie für die Urteilssphäre überhören machen. Aber gehört werden sie – notwendig. Und es gibt Fragen, die wir gar nicht lösen und nicht lösen können, da, ganz jenseits unserer Glaubens-, Urteils-, Bekenntnissphäre, jedes kleinste Stück Erleben sie so oder anders faktisch löst. Und schon das «Dahingestelltsein» ihrer Lösung ist bei solchen Fragen eine – und hier z. B. die *negative* – Lösung. So irrig ist die Lehre, daß echt metaphysische Fragen «unlösbar» sind, daß sie vielmehr die einzigen Fragen sind, die jeder in jeder seiner Regungen lösen *muß* – ob er «will» oder «nicht will». Ihre Unzurückstellbarkeit und ihre Undahinstellbarkeit gehört zum Wesen dieser «Fragen», und nur im Maße, als sich jeder «eingesteht», wie er und daß er sie «löse» – sie in seinem Erleben «löse» –, und in dem Maße, als er auch seine eigene Lösung glaubt, ihr gemäß oder z. B. fremden Einflüsterungen gemäß urteilt und seine Urteile aussagt, gibt es einen Unterschied.

Was allein «Weltanschauung» zu heißen verdient, sind nicht jene voreiligen Abschlüsse und reaktionären Versuche, den seinem Wesen nach unendlichen wissenschaftlichen Prozeß zum Stillstand zu bringen, wie sie manche zu machen pflegen –: Es ist allein die *Erlebnisart der Welt selbst*, jene bestimmte Erlebnisart, die jedes Individuum, jedes Volk, jedes Zeitalter unweigerlich als das Erleben eines Absoluten besitzt, die unweigerlich, ob eingestanden oder nicht, den Sinn all seines Seins, Tuns und Treibens ausmacht. «Weltanschauung» ist die einzige Anschauung, die jeder immer und notwendig hat, ob er «will oder nicht», ob er sie sich klarmacht oder nicht. Eine Weltanschauungsfrage solcher Art ist die hier behandelte.

Wenn wir sagen, daß die Fortlebensfrage ganz und gar im Erleben jedes Moments und im Erleben – dürfen wir hinzufügen – jeder einfachsten Tatsache irgendwie *entschieden,* und in phänomenologischer Reflexion auf dieses Erleben auch für unser Wissen entscheidbar sei, so müssen wir uns aufs schärfste davon unabhängig zu machen suchen, was nach Angabe und Bekenntnis die «Meinung» des Menschen oder sogar ihr «Glaube» darüber ist. Gewiß gibt es ein lebendiges «Glauben», das im Erleben selbst fast zu liegen scheint, oder sich ihm in allen Pulsierungen dieses Erlebens – diesen nachschwebend – immer genau anmißt, mit ihm steigt und fällt, und dessen Auf und Ab, dessen Nuancen und Färbungen sich aller vollen Bestimmung in möglichen Aussagen über das Geglaubte, d. h. dem im Glauben selbst – und nicht im Urteil über das Glauben oder das Geglaubte – «gegebenen» Sinngehalt, entzieht. Aber auch dieses «Glauben» kann fehlen, ohne daß sein adäquates, ihm entsprechendes Fundament im Erleben selbst fehlt. Der Mensch kann noch in dieser Glaubenssphäre z. B. «zweifeln» – und doch im Erleben selbst die volle Evidenz für das haben, was er bezweifelt. Aber was man gemeinhin «den» Glauben der Menschen nennt, das ist nicht einmal der Gehalt dieses «Glaubens», es ist nur das *Urteil,* das über das so Geglaubte ergeht, wenn nicht gar erst die Aussage über den so geurteilten Sachverhalt, «daß dieser Inhalt Glaubensinhalt sei». Diese Aussage aber ist in ihrem Gehalt bereits völlig von dem intellektuellen Urteils- und Schlußzusammenhang bedingt, in den sich auch dieses Urteil einzufügen hat.

Dieser Zusammenhang aber ist zum größten Teil bedingt durch das *Milieu* und die *Gesellschaft,* worin die Menschen stehen. So mögen viele nicht nur mit dem Munde bekennen, daß sie an ein Fortleben glauben, sondern auch ehrlich urteilen, daß es ein Fortleben gibt – ohne doch je des Erlebens sich klar bewußt geworden zu sein, das schon den lebendigen Herzensglauben daran fundiert, und ohne jenen Glauben selbst zu besitzen. Und ebensoviele – z. B. alle jene, die man gelehrt, daß dieser Glaube nur ein schwächlicher Trost für den Mangel irdischen Wohlergehens sei, von den «Besitzenden» für die «Armen» erwünscht, um deren politische Tatkraft zu brechen – mögen das Bewußtsein dieses Erlebens und den ihm entsprechenden Herzensglauben besitzen, jedoch auf Grund ihrer bloßen Meinung von ihrer Weltanschauung urteilen, sie lebten nicht fort und es höre ihr Sein mit dem Tode auf. Dann sind jene die wahrhaft Ungläubigen, diese die wahrhaft Gläubigen.

Ich habe an anderem Orte[1] eingehend zu zeigen gesucht, daß die oben genannten drei Alternativen nur dahin entschieden werden können:

1. Daß die Einheit der *Person* weder die eines Dinges oder einer Substanz «hinter» ihren Akten noch die eines bloßen Kollektivums irgendwelcher Art ist, sondern daß sie eine *«konkrete Einheit»* sui generis ist, die *in jedem ihrer Akte ganz lebt und ist* und zu der wesensgesetzlich eine unendliche Reihe von Akten gehört.

2. Daß die Gesetze aller spezifischen *geistigen Akte*, sowohl jene ihrer bloßen Sinnzusammenhänge als jene, nach denen sie richtig und falsch bestimmt sind, von der Sphäre des leiblich-psychischen Seins und Geschehens *unabhängig* sind, also eine autonome innere Wesensgesetzmäßigkeit besitzen.

3. Daß die *Existenz fremder Personen* und das «Verstehen» ihres Erlebens nicht irgendwie aus ihrem körperlichen Dasein und des Körpers Beschaffenheit «erschlossen» wird oder durch «Einfühlung» zur Kenntnis kommt, sondern so *unmittelbar gegeben* ist wie das Dasein einer Körperwelt selbst.

Eben damit ist aber auch gezeigt, wo das onus probandi in der Frage liegt.

---

[1] [Vgl. zu 1. und 2. *«Der Formalismus in der Ethik und die materiale Wertethik»*, Ges. W. Band 2, Abschnitt VI A 3; zu 3.: «Wesen und Formen der Sympathie», Ges.W. Bd 7, Teil C III; Hrg.]

Die Zukunft des Kapitalismus

Der Kapitalismus ist an erster Stelle *kein* ökonomisches System der Besitzverteilung, sondern ein ganzes *Lebens- und Kultursystem.* Dieses System ist entsprungen aus den Zielsetzungen und Wertschätzungen eines bestimmten *biopsychischen Typus Mensch,* eben des Bourgeois, und wird von deren Tradition getragen. Ist diese Thesis richtig, die wir mit Sombart teilen, so ist nach dem Satze: cessante causa cessat effectus, und dem nicht weniger gültigen, daß erst durch Veränderung (Abnahme) der Ursache eine Veränderung (Abnahme) der Wirkung zu erwarten ist, auch nur dadurch und in dem Maße ein Niedergang des Kapitalismus zu hoffen, als eben dieser *Typus Mensch* seine Herrschaft verliert; sei es, daß er in seiner eigenen Natur und der ihr immanenten Entwicklungstendenz einen Keim seines Aussterbens trägt, sei es dadurch, daß wenigstens sein Ethos durch das Ethos eines andersartigen Typus Mensch in der Herrschaft abgelöst wird.

Schon kraft dieser aus dem Ergebnis der Ursachenerforschung des Kapitalismus sich notwendig ergebenden Problemstellung ist es ausgeschlossen, von einer irgendwie erfolgenden Abänderung der bestehenden Eigentums-, Produktions- und Verteilungsordnung der Wirtschaftsgüter (wie sie alle sozialistischen Parteien fordern und erwarten) ein Verschwinden des Kapitalismus, sei es ein plötzliches durch Revolution, sei es ein allmähliches durch Evolution nach einem vorgeblich dem modernen Wirtschaftsleben innewohnenden Richtungsgesetz (Tendenz zum Großbetrieb, zur Akkumulation des Kapitals in immer weniger Hände usw.), zu erwarten. (Daß dieses sog. Richtungsgesetz der Entwicklung für die Landwirtschaft nicht besteht und in ihr der Kleinbetrieb einen im Wesen von Kulturgewächsbau und Viehzucht gelegenen dauernden ökonomischen Vorrang vor dem Großbetrieb behält, gehört überdies zu den am sichersten festgestellten Tatsachen der nationalökonomischen Wissenschaft.) Ist diese Lösungsart der Frage schon darum eine unmögliche, da sie aus der Einheit des kapitalistischen Kultursystems das Teilsystem der Wirtschaft – ja der bloßen Industrie – herausreißt und von *seiner* primären Änderung eine solche des Ganzen, auch des «Überbaus» erhofft (materialistische Geschichtsauffassung), da sie zweitens auf dem kausalen Irrtum beruht, es sei der Bürgertypus eine Folgeerscheinung der kapitalistischen «Ordnung» (und nicht umgekehrt, wie wir behaupten, diese Ordnung eine Folge des «Bürgergeistes»), so ist andererseits klar, daß jede solche Änderung selbst nur in dem Maße möglich werden kann, als jener Menschentypus samt seinem «Geiste» *seine Herrschaft verliert.*

Ein solcher Vorgang ist aber durch das bloß numerische Anwachsen des Proletariats als ökonomischer Klasseneinheit und das ihm entsprechende Anwachsen seiner politischen Macht- und Rechtsstellung schon darum niemals zu erwarten, da der Klassengeist des «Proletariats» selbst nur eine bestimmte *Abwandlung* des Ethos jenes Typus darstellt, soweit ihm wenigstens als «Proletariat», d. h. einer durch *Besitz*interessen gebundenen Einheit, *gemeinsame* Einstellungen überhaupt zukommen: eben jene, die seiner besonderen gedrückten Stellung und Lage im Bourgeois-Staat und in der Bourgeois-Gesellschaft gemäß sind. Weder die revolutionär-syndikalistische noch die evolutionär-parlamentarische und altgewerkschaftliche Methode des Vorgehens verspricht irgendwelchen durchschlagenden Erfolg, solange das *bürgerliche Ethos* die verschiedenen kämpfenden Einheiten gemeinsam beseelt und es nur die *ökonomischen* Interesseneinheiten und -gegensätze gegen die Minderheit von Besitz und Macht sind, die sie – immer innerhalb des Spielraums dieses Ethos, nicht außerhalb seiner – zu solchen Kampfeinheiten gestalten. Werden die Gewerkschaften groß und mächtig, wie die älteren englischen, so werden sie – wie deren Geschichte zeigt – selbst ganz und gar von bourgeoisem Geist erfüllt. Bleiben sie klein und arm, wie die Mehrzahl der französischen, so sind sie trotz allem syndikalistischen Draufgängertum schließlich wirkungslos.

Ebensowenig aber kann eine Beseitigung oder auch nur eine Ermäßigung des kapitalistischen Ethos von einer spontanen *Staats*betätigung im Sinne einer sich immer erweiternden Sozial- und Versicherungspolitik, die aus der Gesinnung der herrschenden Minorität selbst hervorquölle, ernsthaft erwartet werden; oder gar aus moralischen oder religiösen Predigten und Ermahnungen, die auf eine der Sozialpolitik freundliche Gesinnung hinzuwirken suchen. Ich sage dies nicht, weil ich die Leistungen dieser Richtung *innerhalb* der kapitalistischen Ordnung und Epoche unterschätze, oder gar der Meinung wäre, daß die unerfreulichen Begleiterscheinungen der sozialpolitischen Gesetzgebung (Verringerung des Selbstverantwortlichkeitsgefühls, steigendes Sichverlassen auf den Staat und daraus folgende Schaffens- und Lebensmüdigkeit, endlose Bürokratisierung der Produktionstätigkeit und Überlastung der die Gesetzgebung ausführenden Beamtenschaft mit unübersehbaren Bestimmungen, Versicherungskrankheiten usw.) so einschneidende wären, daß sie deren Vorteil überwögen. Ich bin der entgegengesetzten Meinung, und es bedarf nur eines geringen Scharfblickes, um zu sehen, daß wir bereits mit vollen Segeln in die ersten Stadien des sozialistischen Staates hineingefahren sind; daß wir auf dem Wege weiter müssen, der zu dem Ziele führt, das der sterbende Herbert Spencer mit den lapidaren Worten charakterisierte: «Es wird kein Mann mehr tun können, was er will, sondern jeder nur, was ihm geheißen wird». Die Tatsache selbst aber, daß die freiheitsfeindlichen Medikamente des steigenden Staatssozialismus die einzig möglichen geworden sind, welche das Maximum der Volkswohlfahrt noch zu fördern vermögen, ist selbst eine der übelsten *Folgen* der *Herrschaft des kapitalistischen Geistes.* Das steigende Übergewicht des «Sicherung» fordernden Bürgergeistes über die Komponente des aktiven Unternehmungsgeistes, das sich unter anderem auch in der Bürokratisierung der Unternehmungen äußert, ist ja die *Voraussetzung,* unter der die Sozialpolitik erst jene wohltätigen Folgen hat. Alles, was Sozialpolitik und Gesetzgebung auch im weitesten möglichen Ausmaße zu leisten vermögen, das ist daher nicht Abänderung des Ethos und Geistes, welche die kapitalistische Ordnung in letzter Linie tragen und nähren, sondern es ist nur diejenige Art der Abstellung grober Mißstände und Beeinträchtigungen der Wohlfahrt der großen Massen, die sich unter der noch bestehenden Herrschaft dieses «Geistes» allein ergeben *können* und *müssen.* Die Herrschaftsdauer dieses «Geistes» selbst aber wird durch diese Maßregeln eher verlängert und befestigt, als verkürzt oder aufgehoben. Es sind ja nur dieselben *Grundmotive* der maximalen Sicherung der ökonomischen Lebensgrundlagen, die sich im Bedarf einer solchen Gesetzgebung regen – deren Vorwiegen über die muthafte, gläubige Lebenseinstellung wir früher[1] als eine der Grundkräfte des Bourgeoisgeistes überhaupt erkannt haben. Nur die Auswirkung dieser Motive ist je nach den Klasseninteressen verschieden.

Dazu unterliegt der Staat im selben Maße, als er selbst Unternehmer wird, sofern er mit der Privat- und Kommunalunternehmung noch konkurrieren will, *ebendenselben* Strukturen der ökonomischen Motivation (grenzloses Erwerbsstreben usw.)

---

[1] [Gemeint ist der Aufsatz des Verfassers «Der Bourgeois» enthalten in Ges. W. Band 3. Hrg.]

wie die Einzelunternehmung. Auch er muß im Maße, als er Unternehmer wird, *Diener* seines Geschäfts und dessen grenzenlosen Wachstums werden. Anstatt dem kapitalistischen Geiste durch seine Betriebe zu steuern, muß er sich selbst damit erfüllen, muß er selbst «kapitalistischer Unternehmer» werden, und so die Herrschaft dieses Geistes nur noch mit einem *Plus* von *Autorität* umkleiden. Soweit seine sozialpolitische Gesetzgebung über das Ziel hinausgehen möchte, die Arbeitskräfte bloß im Sinne des ökonomischen Prinzips möglichst zu schonen, ist ihm dies also durch seine eigene Natur als «Unternehmer» unmöglich gemacht. Eben darum behält das radikal-sozialdemokratische Urteil, daß alle Sozialgesetzgebung dem Kapitalismus gegenüber prinzipiell ohnmächtig sei und nur als vorläufiges Surrogat angesehen werden könne, ja in gewissem Sinne die Lebensdauer dieser Ordnung nur verlängere – im Grunde ein gewisses inneres Recht.

Diese konstitutive Ohnmacht des Staates unter der Herrschaft des Bourgeoistypus und seines Geistes wird aber durch einen wichtigen Umstand noch vervollständigt. Die Gruppen und Kreise, welche sozialpolitische Gesetze und Maßregeln nicht als etwas empfinden und gelten lassen wollen, was die Masse und ihre Drohungen dem Staate von unten her abzwingt und abringt, sondern als ein Werk freier, spontaner Staatstätigkeit ansehen, das purem staatlichen Pflichtbewußtsein zu entquellen habe (z. B. die Konservativen vor und während Stöckers Einfluß), sind – obzwar sie von Hause aus dem Bourgeoistypus biologisch und historisch nicht angehören – im Laufe des Fortgangs der jüngsten kapitalistischen Entwicklung gleichfalls so stark vom «Geiste» dieses Typus angesteckt worden, daß eine spontane Sozialpolitik durch sie immer aussichtsloser erscheint. Um sich selbst zu erhalten, wurden sie zwar nicht Diener der Bourgeoisie als *Klasse* – im Gegenteil ihre grimmigsten Feinde –, aber doch Diener ihres *Geistes*, und dies mitten *im Kampfe gegen sie als Klasse*. Durch die Vermittlung der vorbildlichen Wirksamkeit von industrialistischen Unternehmertypen, wie sie z. B. in Deutschland in der Reichspartei und in dem rechten Flügel des Nationalliberalismus vertreten sind, und hinsichtlich der Lebensführung und der Lebensgewohnheiten durch Nachahmung des aus der Bourgeoisie aufgestiegenen Adels, durch Verheiratung und Verschwägerung mit der Haute-Finance, durch innere Anpassung an einen kapitalistisch beseelten Staat in ihrem Dienste an diesem als Beamte, durch die steigende Angliederung von Industrien an den Grundbesitz und die formale Erfüllung auch der landwirtschaftlichen Erwerbstätigkeit mit dem kapitalistischen Geist haben sie längst das historisch-traditionelle Rückgrat verloren, das ein auch nur einigermaßen erfolgreicher Kampf gegen den Kapitalismus voraussetzen würde. Die Ziele dieser Gruppen haben sich immer mehr auf die Erhaltung der Reste ihrer politischen Macht- und Vorrangstellung – und zwar zum Zwecke, *ihren eigenen*, längst kapitalistisch gewordenen Willen und Geist möglichst einseitig und widerstandslos gegen die «Konkurrenz» der übrigen Klassen durchzusetzen – zusammengezogen; wohingegen ein resolutes *Abtun* dieses Willens und Geistes selbst für sie kaum mehr in Frage kommt[1]. Jeder Versuch, gegen diese Tendenz einen sog. «Kulturkonservativismus» zu begründen, muß gegenüber den obigen Tatsachen kläglich scheitern. Die Dandys, die heute dem Parteikonservativismus «geistige» Grundlagen zu geben wünschen und von ihrer plötzlichen Entdeckung des Wertes guter Manieren und Manschetten, die keine Röllchen sind, bis zur Annahme der sog. (nicht existierenden) «konservativen Weltanschauung» (die sie komischerweise doch erst zu «machen» wünschen) fortschritten, sind die lächerlichsten Erscheinungen unserer Zeit.

Die Erfüllung der einzigen Gruppen, deren biopsychischer Typus und deren historische Traditionswerte noch einen resoluten Kampf *gegen* den Kapitalismus erwarten ließen, mit kapitalistischem Geist und Ethos ist aber nur ein Beispiel für die Durchsetzung einer der bedeutungsvollsten Tendenzen, welche die gesamte welthistorische Entfaltung dieses Kultursystems beherrschen. Diese «Tendenz» besteht darin, daß die ursprünglich aus Ressentiment geborenen Wertschätzungssysteme der Massen und der älteren Unterschichten der europäischen Völkerwelt – wir dürfen auch sagen: die ihrem Wesen nach *«demokratischen» Wertschätzungen* überhaupt – im Laufe der historischen Entfaltung ihrer *faktischen* Realisierung in der kapitalistischen Ordnung immer weniger die Wertschätzungen der jeweiligen *faktischen Mehrheiten* und der historischen «Demokratie», und immer mehr die Wertschätzungen der faktisch herrschenden *Aristokratien* und ihrer *Minderheiten* geworden sind. Scheiden wir daher überall aufs schärfste: «demokratische Wertschätzung», «demokratisches Ethos», und jeweilig bestehende (politische und soziale) Demokratie; «aristokratische

---

[1] Dies war im Februar 1914, also lange vor dem Krieg geschrieben.

Wertschätzung» (als Wertschätzungsart) und die jeweils herrschende Aristokratie. Dort zwei *Wesens*arten von *Wertschätzungen*, entsprechend zwei menschlichen Vitaltypen! Hier zwei bestehende *faktische* Volksschichten: faktisch beherrschte Mehrheit, faktisch herrschende Minderheit. Ist diese Scheidung streng vollzogen, so ist es natürlich gar nicht ausgeschlossen, daß eine faktisch herrschende Aristokratie und Minorität mehr und mehr zum Träger *demokratistischer* Wertschätzungen wird (teils durch Aufsteigen des minderwertigen Vitaltypus in die herrschende Minorität, teils durch Ansteckung der Vertreter des höherwertigen Typus in dieser Minorität mit deren Geist); und auch nicht ausgeschlossen, daß sich eine bestehende Demokratie und Mehrheit immer *weniger* mit demokratischer Wertschätzung erfüllt zeigt.

Der eigentliche Kern- und Springpunkt dessen, was wir Umbildung des vorkapitalistischen Geistes in den kapitalistischen Geist, langsamen Sieg der Sklavenmoral über die Herrenmoral nennen, liegt nun aber faktisch gerade darin, daß die *herrschenden Minoritäten* immer mehr mit *demokratischem Ethos* erfüllt wurden. Durchaus also liegt er *nicht* in der Kette von Revolutionen und Massenbewegungen, welche die moderne Geschichte, soweit sie sich im Spielraum der bourgeoisen Erlebnisstruktur befindet, gegen jene herrschenden Minoritäten kennt. Nicht der Schrei nach «Freiheit und Gleichheit», der nur an der Oberfläche liegt, sondern das Suchen nach einer *der Herrschaft würdigen Minorität* ist die *tiefste Seele* dieser Bewegungen. Herrschaft ist nach einem soziologischen Grundgesetz, das v. Wieser[1] treffend das «Gesetz der kleinen Zahl» genannt hat, stets und überall Funktion der *Minorität* (z. B. auch innerhalb der demokratischen Bewegung selbst). Vorzüglich hat Robert Michels in seinem trefflichen Buche über die «oligarchischen Tendenzen innerhalb der modernen Demokratie» mit Aufbietung eines reichen Materials gezeigt, daß mit der *Ausdehnung* der demokratischen Bewegung das Mehrheitsprinzip *innerhalb* der Bewegung steigend zuschanden wird. Aber dieses ganz allgemeine Gesetz sagt noch gar nichts darüber aus, ob demokratische oder aristokratische Wertschätzung diese «kleine Zahl» erfülle. Der innere und durchgreifende Sieg der Sklavenmoral in den Jahrhunderten der Bürgerherrschaft besteht also z. B. darin, daß

---

[1] Siehe die bedeutenden Ausführungen von Friedrich v. Wieser, «Recht und Macht», Leipzig 1910.

die *Moral der «Armen»* (Sparsamsein! Reichwerden! Wenig Kinder haben! Sichanpassen, Schlausein! usw.) zur Moral der *faktisch Reichen*, und eben der *herrschenden Minorität* wurde. Wäre diese demokratische Moral jene der beherrschten «großen Zahl» geblieben und nicht eben gerade zur Moral der *herrschenden* «kleinen Zahl» geworden, so könnte man ja gerade *nie* und nimmer von einem Sklavenaufstand in der Moral, bzw. von einem Aufstand der minderwertigen *Wertschätzungssyseme* über die höherwertigen Wertschätzungssysteme reden. Denn stets und immer bestimmt eine notwendig «kleine Zahl» der Herrschenden, *welche* Wertschätzungssysteme zu herrschenden werden. Die Tatsache erst, daß die ethisch und biologisch minderwertigen Wertschätzungssysteme zu jenen der *herrschenden* Minorität wurden, macht die «Revolution» selbst zu einer Art konstanter Einrichtung im Ablauf der modernen Staatsentwicklung. Eben daß der Staat (also soziologische Realität) bei verschiedenen Völkern in verschiedenem Maße in die Herrschaft des minderwertigen Vitaltypus kam, oder doch seiner Wertschätzungen, – und immer mehr und mehr kommt –, *das* ist ein Hauptzug in jener inneren, lautlosen Umbildung, die hinter allen gewaltsamen Revolutionen und Massenbewegungen liegt. Die Idee eines «Rechtes auf Revolution» – unsinnig, wo die herrschende Minorität mit dem Geiste des Edelmuts erfüllt ist – gewinnt erst unter der Herrschaft des Bourgeois ihre tiefe Rechtfertigung. –

Ist von der sozialdemokratischen Bewegung und der «Sozialpolitik» kein endgültiger Niedergang des kapitalistischen Geistes zu erwarten, so berührt nach unserer Meinung Sombart allerdings die einzig mögliche endgültige Lösung der Frage nach der Zukunft des Kapitalismus von ferne, wenn er auf die Bedeutung des *Bevölkerungsproblems* für diese Frage hinweist[1]. Aber in einem sonderbaren Widerspruch zu seinen Aufstellungen über die letzten Ursachen des kapitalistischen Geistes erwartet er schon von einem konstant werdenden Rückgang der Geburtenziffer (bei begrenzter Abnahme der Sterblichkeit) und schließlich der Volksvermehrung überhaupt eine «Verzappelung des Riesen». Wäre Sombart, ähnlich wie z. B. Rathenau[2], der Meinung, daß der Kapitalismus als Ganzes eine Folgeerscheinung der steigenden Volksvermehrung

---

[1] Vgl. die letzten Seiten seines Buches.
[2] Vgl. W. Rathenau, «Zur Kritik der Zeit».

zu Beginn und im Laufe der Neuzeit sei – *nicht* also einer prinzipiellen Änderung der ökonomischen Motivationsstruktur –, so wäre auch die Bemerkung wohlbegreiflich, daß er im selben Maße abnehmen müßte, als diese Ursache zu wirken aufhört. Nicht aber ist diese gerechtfertigt, wenn – wie Sombart richtig annimmt – die Herrschaft eines bestimmten *qualitativen* biopsychischen Typus Mensch seine wahre Wurzel ausmacht. Bevölkerungsrückgang könnte in diesem Falle doch nur die Wirkung haben, daß durch steigenden Mangel an Arbeitskräften und an Konsumentenbedarf die *Dimensionen* der ökonomischen Leistungen des Kapitalismus zusammenschrumpften, ohne daß sich an der kapitalistischen Ordnung selbst und noch weniger an dem «Geiste», der sie trägt, irgend etwas änderte. Ja, die durch den Bevölkerungsrückgang bedingte Erschwerung der nationalen Konkurrenz mit den slawischen Völkerschaften, die jener Tendenz zur Abnahme der Bevölkerungsvermehrung nicht oder weniger unterliegen, könnte höchstens den kapitalistischen *Geist* noch gewaltig steigern. Eben da – wie Sombart treffend sagt – ein galizischer Jude mit demselben oder noch größerem Aufwand kapitalistischen Geistes als ein Berliner Bankdirektor, der Tausende verdient, etwa 5–10 Mark täglich verdient, ist mit der Verkleinerung der *Effekte* der in diesem Geiste geführten Unternehmung dieser «Geist» selbst in nichts verringert.

Es kann daher nur die *qualitative* Seite des Bevölkerungsproblems, nicht seine quantitative, sein, die für die dauernde Aufrechterhaltung oder den Untergang des Kapitalismus in Frage kommen kann. Und darum ist die Frage: Gibt es in den *faktischen Tendenzen* der qualitativen Bevölkerungsbewegung, also in der Art ihrer jeweiligen Neuzusammensetzung aus der Fortpflanzungssumme der beiden genannten biopsychischen Typen, Gründe und Garantien, die ein Aussterben desjenigen Typus homo erwarten lassen, der Träger des kapitalistischen Geistes ist?

Diese Frage ist unseres Erachtens zu *bejahen*. Denn es ist ein inneres Gesetz des Bourgeoistypus selbst, daß eben die Grundeigenschaften, die ihn innerhalb der kapitalistischen Ordnung als Unternehmer, Händler usw. reüssieren lassen, im selben Maße, als sie vorhanden sind, auch seine verringerte Fortpflanzung und damit die Verringerung der Übertragung der charakterologischen *Erbwerte*, die die Anlagen zum kapitalistischen Geist ausmachen, zur notwendigen Folge haben. Mit Recht haben J. Wolf und andere den eigenartigen Parallelismus von steigender Wohlhabenheit und verringerter Kinderzahl, der durchaus *keine* universalhistorische Erscheinung ist (völlig umgekehrt z. B. bei den Chinesen, nicht vorhanden beim deutschen Adel usw.), auf eine identische Ursache beider Erscheinungen zurückgeführt: auf die steigende *Rechenhaftigkeit* der seelischen Grundeinstellung auf Welt und Leben überhaupt. Eben diese Rechenhaftigkeit hat gleichzeitig das wirtschaftliche Emporkommen *und* den verminderten Fortpflanzungswillen, resp. die sinkende Kinderzahl der rechenhafteren Elemente zur Folge. Die *Anlage* zu dieser Rechenhaftigkeit aber ist ohne Zweifel – nach früher Gesagtem – selbst ein *Erbwert* und gebunden an den geringerwertigen Vitaltypus. Auch diese «Anlage» wird also durch die geringere Fortpflanzung des rechenhaften Typus mehr und mehr ausgeschaltet – eben damit aber dieser Typus Mensch als Typus überhaupt. Diesem «angsthaften», «rechenhaften» Typus steht der «gläubige», der «vital vertrauensvolle» und «muthafte» Typus gegenüber. Sage ich der «gläubige», so denke ich nicht etwa an die Angehörigen des orthodoxen Kirchenglaubens. Es ist ja eben ein bestimmter *Vital*typus, von dem hier als Einheit die Rede ist – der sich als solcher niemals decken kann mit einer bestimmten realen historischen Gemeinschaft; der sich also in *allen* Arten und Formen der Gemeinschaft, freilich in sehr verschiedenem Maße, findet. Freilich besteht die unbestreitbare Tatsache, daß die religiös-gläubigen katholischen und protestantischen Volksschichten, und unter ihnen wieder die katholischen voran, nicht den gleichen Rückgang der Geburtenziffer aufweisen wie die ungläubigen; und es besteht die Tatsache, daß eben diese Schichten relativ unkapitalistischen Geistes sind. (Die sog. «Rückständigkeit der Katholiken» – «Rückständigkeit» natürlich nur gemessen an den Werten des kapitalistischen Ethos – beweist es deutlich genug.) Aber diesen Vorrang verdanken die kirchengläubigen Schichten *nicht* – wie sich dies die kirchlichen Parteien gern pro domo konstruieren – dem besonderen *Inhalt* ihres Glaubens oder der Zugkraft des Moralsatzes «Seid fruchtbar und mehret euch», oder dem Kampfe des Beichtvaters gegen die empfängnisvorbeugenden Mittel usw. –, sondern umgekehrt ist es die Zugehörigkeit der Kernschichten der orthodox Gläubigen zu dem Vitaltypus vorwiegend gläubiger, vertrauensvoller Lebenseinstellung, welche zur *Folge* hat, daß sie auch kirchlich-gläubig blieben und daß sie eben diese der Fortpflanzung günstige «Moral» besitzen. Andrerseits hat dieser innere Zusammenhang zur Folge, daß auch all jenen Weltanschauungsfaktoren, die innerhalb der katholischen Kirche dem Kapitalismus noch entgegenzuarbeiten vermögen, durch die relativ größere Vermehrung ihrer Träger steigender Sieg verheißen ist.

Für die langsame Ausschaltung des bourgeoisen Typus gibt es gleichsam einen weithin sichtbaren Index: das ist die von F. A. Teilhaber kürzlich aufgewiesene Tatsache des *Aussterbens der deutschen Juden*, und zwar in dem Maße, als sie innerhalb des Kapitalismus führende Stellungen gewannen und gleichzeitig aus der geheimnisvollen Schutzsphäre der jüdischen Familientradition heraustraten. An diesem jüdischen Typus – der tapfere und edle Zionismus stellt ihm mit dem innersten Rechte der Erhaltungswürdigkeit des großen, begabten Volkes heute einen anderen schroff entgegen und bedrängt ihn bis tief in seine Ehre und in sein Gewissen hinein, blutig oft und doch gerecht – vollzieht sich zeitlich zuerst und im kleinen das *tragische Geschick*, das sich am bourgeoisen Typus überhaupt vollziehen wird: daß er mit all seinen Erbanlagen mitten in der steigenden Gewinnung der kapitalistischen Macht, mitten im ökonomischen Sieg zugrunde geht und der steigenden Ausschaltung aus der Geschichte verfällt.

Diese Tendenz auf Ausschaltung des Typus, der den kapitalistischen Geist trägt, behält ihre führende Kraft auch trotz aller Komplikationen, die durch das Nachdrängen der sozialen Unterschichten auf die leer gewordenen Stellen der Stufenleiter von Besitz und Wohlhabenheit (resp. das Nachdrängen der slawischen Judenmassen, das Nachdrängen der slawischen Arbeitskräfte) für den Bevölkerungsrückgang in der Industriearbeiterschaft zu Händen der Unternehmer entstehen mögen. Denn alle diese nachdrängenden Massen sind zugleich Träger eines sich immer vermindernden kapitalistischen Geistes. Nicht darin besteht ja die qualitative Grundtendenz der Bevölkerungsbewegung, daß nur führende kapitalistische Schichten mehr und mehr ausgeschaltet werden! Diese «Schichten» könnten ja beliebig ersetzt werden. Und das hätte für den Fortbestand des «Kapitalismus» keine Bedeutung. Darin vielmehr besteht sie, daß schon die *Erbwerte*, die «Anlagen» zu diesem Geiste bedeuten, und damit der *Typus*, der Träger dieses Geistes ist, immer stärker der Ausschaltung verfallen.

Hierin allein sehen wir die *letzte* Garantie für die «Verzappelung des Riesen». Die ganze Fülle der speziellen Erscheinungen, die gegenwärtig das Gleiche anzeigen und einleiten, sind von dieser Tatsache abgeleitet. Und alle ethische und politische Sollensorientierung, die den Prozeß jener Verzappelung beschleunigen kann, kann nur innerhalb des Rahmens dieses, unserem bewußten Willen entzogenen, *notwendigen* Prozesses ihre Bedeutung besitzen.

An solchen Erscheinungen ist das gegenwärtige Leben überreich. Nicht nur die innere Bürokratisierung der Unternehmungen, auf die Sombart mit Recht hinweist, und die damit einhergehende Bildung einer neuen Klasse, der «Privatangestellten», sondern mehr noch die neue *Selbstauffassung* der Unternehmer als Leiter und Führer der nationalen wirtschaftlichen Arbeit, ich möchte fast sagen: als oberste Aufsichtsbeamte des Güterumlaufs und der Güterproduktion, sind innerhalb des Wirtschaftslebens solche Erscheinungen. Die Scham, ja der Ekel am bloßen Reichtum, zuerst erwachsen an der Disproportionalität seiner Größe zu der möglichen Genußfähigkeit sogar der Familie bis in die fernsten Glieder von Enkel und Urenkel, – das Gefühl des Widerstandes gegen die allzufetten Kuchen –, verbreitet sich unter den führenden Schichten des Wirtschaftslebens mehr und mehr. Hierin dürfte den Stellungnahmen und Ideen Walter Rathenaus[1] nicht bloß eine individuelle, sondern eine typische Bedeutung zukommen.

Noch zukunftsverheißender aber erscheint uns die Gesamtheit der heutigen *Bewegungen*, die sich *außerhalb* des Wirtschaftslebens vollziehen und die seine gesamte Bedeutung im Leben des Menschen überhaupt auf das rechte Maß zurückzudrängen streben. In ihnen erhebt an erster Stelle der *neue Typus Mensch* – noch schüchtern genug – sein Haupt, *der* Typus, der durch die kapitalistische Epoche verdrängt war.

Zuallererst haben unsere tiefsten Sorgen schon heute, gegenüber jenen unserer Väter, eine neue Richtung angenommen. Sie haben sich vom sozialökonomischen Gegensatz «arm und reich», der sich langsam, aber auf sicherem Wege auszugleichen beginnt, immer stärker *den* Fragen zugewandt, welche die *Vitalität*, die Volks- und Rassen*gesundheit* in physischer und psychischer Hinsicht betreffen. Die Tuberkulose beginnt uns als ein größeres Übel zu erscheinen als die noch vorhandene Armut. Die Wohnungsfrage und die Verlegung der Wohnstätten an die Peripherie der Städte, auch für den minderbemittelten Teil der Bevölkerung, gewinnt die

---

[1] Walter Rathenau «Zur Kritik der Zeit» und «Zur Mechanik des Geistes», Berlin 1913.

Bedeutung, die sie nicht nur wieder als abhängige Funktion ökonomischer Besitzunterschiede hat, die ihr vielmehr *selbständig* als Frage der Gesundheit und einer natürlicheren Lebensführung zukommt.

In den mannigfaltigen Arten von *Jugendbewegungen*, vom Wandervogel, den Pfadfindern bis in den deutschen Jugendbund hinauf, in der neuen *Liebe* der Jugend zu *Natur und Sport*, in der steigenden Verachtung purer Kopfbildung und des Intellektualismus, in der schon in der äußeren Erscheinung sorgfältigeren und strafferen Haltung der Jugend, in der Zurückdrängung *jener* Art von Romantik und Phantastik, auf die bei ihren Vätern so rasch das äußerste Philisterium zu folgen pflegte, zugunsten einer mutigen, realistischen Lebenseinstellung; in dem starken Vorwiegen ihres *politischen* Interesses gegenüber dem sozialökonomischen ihrer Väter, in ihrem ernsteren und freieren, untersuchenden Verhältnis zu den religiösen Fragen – was wäre ihr noch ein Haeckel oder Ostwald? –, nicht zuletzt in der Wandlung ihrer *geschlechtlichen Liebesideale* ins *Freiere* gegenüber Tradition, Konvention, elterlicher und sonstiger Autorität, und gleichzeitig ins *Gebundenere* gegenüber dem eigenen Gewissen – liegen Ansatzpunkte, die eine starke *Umbildung* des künftig zur Führung der öffentlichen Angelegenheiten berufenen Typus erwarten lassen. Diese Charakterzüge der neuen Jugend sind nicht auf Deutschland beschränkt. In Frankreich z. B. berichten kundige Beobachter dieselbe Umformung, die in der Studentenbewegung gegen die in gelehrtem Positivismus eingetrocknete Sorbonne bereits kräftig zur Geltung kam. Auch in der werdenden Weltanschauung der Jugend sind die geistigen Ermüdungserscheinungen des Skeptizismus, des Relativismus, des Historismus, des Herumwühlens im eigenen Ich zurückgetreten und in die Richtung auf unmittelbaren *Erlebniskontakt* mit den *Sachen* selbst, auf *absolute* Einsicht, die Tatkraft und Charakter stählt, auf expansive Hingabe an die Welt, in kräftigem Fortschritt begriffen. Diese Wandlungen sind eben darum hoffnungerweckend, weil sie nicht auf bestimmte soziale Klassen oder Parteien beschränkt sind, sondern *alle* Klassen mit ihrem neuen Geist durchdringen. Handelt es sich bei der Überwindung des Kapitalismus um die Verdrängung eines bestimmten *Typus* und seiner Ideale aus der Herrschaft, so ist ja auch nur von *solchen* Wandlungen – und nicht vom Siege einer bestimmten «Klasse» oder «Partei» – irgend etwas Wesentliches zu erwarten.

Neben der Erscheinung der «neuen Jugend» äußert sich die antikapitalistische Bewegung an erster Stelle in dem neuen Ernste, mit dem die *Fragen der geschlechtlichen Liebeswahl* und der geschlechtlichen *Moral* ergriffen werden. Eine der Wurzeln des Kapitalismus war historisch die wahllose Vermischung des vital edlen Typus mit dem gemeinen, sei es aus Nützlichkeitserwägungen, sei es aus Interessen bloßen sinnlichen Reizes. Wie stark der Luxusbedarf und -geschmack des «Weibchens», das sich parallel mit der Zurückdrängung der älteren «Standesehe» und der Entfaltung der Klassen- und Geldehe in allen möglichen sozialen Formen von der Kurtisane bis zur Straßendirne parasitär ausbreitete, die kapitalistische Entfaltung, noch außer dem Blutverderb jener Wahlarten, beschleunigt und gefördert hat, hat Sombart in seinem «Luxus und Kapitalismus» dokumentarisch gezeigt. Wahllose Sinnlichkeit und Geschäftsgeist aber *entsprechen sich* und fördern sich gegenseitig; damit auch Geldehe und Dirnentum. Der «Bourgeois» ist als Typus Träger des Ethos, das beides immer neu erzeugt. Nur zu rascher punktueller Befriedigung seiner sinnlichen Launen, nicht zur *Liebe* läßt ihm das «Geschäft» Zeit. Und Luxus und Raffinement sollen ihm die tieferen Freuden der Treue ersetzen. Die gegenwärtige europäische Bewegung ist darauf gerichtet, diesen inneren eisernen Zusammenhang zu durchbrechen. Sie tut es, indem sie von beiden Seiten her, von oben und von unten gleichsam, der Moral der Väter widerspricht. Sie scheidet innerhalb der formell ehelosen und ehelichen Beziehungen zwischen «schlechten» und «guten», anständigen und unanständigen; sie gibt der Liebeswahl den Ernst und die Verantwortlichkeit und die von bürgerlicher Geschäfts- und Spaßmoral (sei sie christlich oder atheistisch drapiert) unabhängige *Freiheit* zurück. Aber sie wendet sich auch (in ihrem tieferen Kerne) voll Ekel – ja nicht einmal voll Ekel mehr, sondern voll Langeweile – ab von dem vielbedeutsamen, eine ganze Weltanschauung symbolisierenden Salon- oder Stammtischlächeln der «Bürger», wenn die Rede auf «diesen Punkt» kommt; «dieser Punkt» ist nicht mehr «dieser Punkt», sondern eine ernste Sache, der man ins Gesicht sieht und die man prüft. Man wendet sich ab von den Sprüngen und dem Singsang der kleinen Mädchen, die in der Phantasie der lieben Väter eine so große Rolle spielten, von Ehebruchskomödien und analogen «kleinen Scherzen». Die Behandlung der Faktoren, welche die qualitative Zusammensetzung der künftigen Generation bestimmen, hat aufgehört, entweder eine «Geschäftsfrage», oder ein kleiner «Scherz» zu sein. Wie sind doch umgekehrt gegenüber diesen Fragen die gewichtigen Ernstfalten, mit denen die lieben Väter am Lendemain eine neue Transaktion behandelten, zu «kleinen Scherzen» herabgesunken – nicht überhaupt und in ihrer Sphäre, aber gegenüber der ungeheuren Frage, mit welchem Weibe ich mich vermischen darf und soll! –

Das *Aufatmen* vom Druck des Kapitalismus ist nicht minder deutlich zu spüren in der inneren Verhältnislage der *geistigen Kulturtätigkeit* zur erwerbstreibenden Gesellschaft. Inhaltlich erklären die Führer der geistigen Bewegung dies Negative jedenfalls übereinstimmend, daß Welt und Seele *keine* komplizierten Maschinen sind – sei es mit oder ohne rechnende «Subjekte» –, sondern daß die Weltbilder der neueren Philosophie in ihrem Kerne nur *zweckmäßige Projektionen bürgerlicher Beschäftigungen* waren – auf eine Welt, die in unendlicher Qualitätenfülle und Regsamkeit vor den jungen, staunenden Augen derer liegen darf, die es wagen, sich über die Nützlichkeitszwecke der Bürger hinaus ihr fromm und demütig hinzugeben. In soziologischer Hinsicht aber werden die Dichter, die Künstler, die Forscher sich allmählich immer klarer der unbewußten Form der *Versklavung* an den Bürgergeschmack bewußt, dem sie in Stoffwahl, in Stil, in Darstellungsform resp. in den Methoden des Denkens und der Beobachtung (sei es diesem Geschmack und dieser Einstellung des Bürgertypus folgend, oder zu ihm im bloßen Widerspruch – eine nicht geringere Abhängigkeit) dadurch unterworfen waren, daß sie in seinem Kreise lebten und sich von ihm ernähren ließen – oder innerhalb der staatlichen Kultur-Institutionen, die der Typ in seinen Händen hält. Sie lernen demütig erkennen, daß *kein* Geist und *kein* Gewissen so stark und frei ist, daß sie sich nicht irgendwie (und doppelt schlimm, wenn es heimlich und unbewußt geschieht) unter dem Geiste derer heimlich beugten, die seinen Leib ernähren. Und die Tapferen ziehen daraus die Konsequenzen: I. Axiom: So wenig ich als Produzierender irgendeines Werkes geistiger Kultur der ökonomischen Sozietät irgend etwas schulde, so wenig schuldet sie mir irgend etwas für das, was ich hervorbringe. II. Axiom: Da ich unabhängig von dieser meiner Produktion aber Mitglied eben dieser ökonomischen Sozietät bin, so habe ich auch die Pflicht, mich auf eine *neben* meiner Kulturtätigkeit einhergehende Weise auf ehrliche Art zu ernähren.

Ich weiß sehr gut, daß die äußerst mannigfachen Wege der technischen Durchführung dieser «Axiome» zum Teil noch wenig beschritten, zum Teil aber auch noch wenig geöffnet sind. (Wir kommen auf diese technische Seite der Sache ein andermal zurück.) Daß aber diese Axiome wie Feuer in den Seelen der kulturtätigen Jugend glimmen und daß dieses Feuer sich auch seinen Willen und seine Kraft schaffen wird – dies weiß ich. Nach dem erstaunlichen ethischen Vorbild einer inneren und letzten Unabhängigkeit vom Kapitalismus, das Stefan George und sein Kreis zuerst in einer Zeit gaben, da die öffentlichen Verhältnisse noch weit ungünstiger als heute lagen, – wir, die diesem Kreise fern stehen, reden hier nicht von seiner Kunst –, formieren sich gegenwärtig eine ganze Reihe analoger, von den geistigen Grundhaltungen starker Persönlichkeiten zusammengefaßter Gemeinschaftsbildungen in Kunst und Wissenschaft, in denen diese neue Kulturgesinnung still und lautlos sich heranbildet. Sie werden sich noch lange von den offizellen und öffentlichen, der Pflege geistiger Kultur gewidmeten Instituten ferne halten müssen – so freundlich immer die Beziehungen zu Personen, die jenen angehören, sein mögen –, bis sie auch diese mit ihrem Wesen und Geiste durchsäuern dürfen. Von parteilosen Minoritäten solcher Art, welche schon die einteilenden Kategorien des heutigen offiziellen Kulturpöbels plus der als «Negativ» notwendig dazugehörigen Massen- und Zeitungswelt strenge von sich zurückweisen, ist für die wahre Überwindung des Kapitalismus als Kultursystem sehr viel mehr zu erwarten als von allen den Kämpfen, die innerhalb der Formierungen irgendwelcher politischer Parteien und Interessengruppen stattfinden, die ja doch alle, vom Ethos des Kapitalismus umspannt, diese Tatsache um so weniger bemerken, je wilder sie gegenseitig aufeinander schlagen! –

Gehen wir nicht fehl, so beginnt auch der sog. «Siegeszug des Kapitalismus um die Welt», der noch vor kurzem Außenseiter schon zum Monde schielen ließ, ja uns zu einer Geste des «Umsehens» hinter die Erdkugel führte – ob es da noch irgendeinen reinlichen Landfleck geben möchte, den der Bourgeoispöbel noch nicht beschmutzte –, seine innere Grenze zu finden. Mögen auch gewisse Schichten der Balkanstaaten, der Türkei, Ägyptens, Persiens, besonders aber Chinas und Japans sich heute eifrigst bemühen, sich die europäischen positivistischen Wissenschaftsmethoden, die zugehörigen Methoden der Fabrikation und des Handels anzueignen, und scheint die Universalisierung der kapitalistischen Mechanistik in nächster Nähe – längst und schon seit Jahren wissen die *edleren* Vertreter dieser Volkstümer, daß diese fälschliche sog. «Europäisierung» nur die äußerste Hautlichkeit der Seele und des Lebens treffen kann, und daß die rassenmäßigen und aus der eigenen Geschichte jener Völker quellenden geistigen Grundeinstellungen in Religion, Ethos, Kunst – ja in allem, was zum *Sinne* des Lebens gehört – dabei völlig unberührt bleiben, und nach einiger Vollendung jenes notwendigen Mechanisierungsprozesses und der durch ihn gewährleisteten äußeren zivilisatorischen Verknüpfung der Völkerwelt der Erde ihrer *eigenste neue* Aufgaben harren[1]. Und die Besten dieser Länder wissen noch mehr: daß der «Geist», der ihnen diese Sendboten Westeuropas als seine letzten Ausstrahlungen zuschickt, an seiner Wurzel, d. h. im Zentrum Westeuropas selbst, im langsamen *Absterben* begriffen ist. Jedes dieser Länder hat seine Dostojewskis, seine Solowjews, seine Tolstois, die über die Europäisierungswut der heimischen Bürgermassen ironisch lächeln, da sie wissen, daß jenes «alte» Europa, das zu ihnen kommt, in dem Augenblick zusammensinken und über einem neuen *edleren* Europa Platz machen wird, da jene Massen ihrer Völker über den Sieg jauchzen werden, es in ihrer Zivilisation Europa gleichgetan zu haben. Und das wahrhaft «junge Europa» steht dabei auf ihrer Seite! Schon zurzeit glauben nur noch die «Gebildeten» der südamerikanischen Staaten, einige Rumänen, Bulgaren, Serben und Japaner, daß der Fortschritt der «modernen Wissenschaft», daß z. B. Physiologie und Experimentalpsychologie ihnen Aufschluß über metaphysische Fragen geben werden – über eben jene Fragen, auf die die landesüblichen Religionen antworten. Diese «Gebildeten» glauben das, was bei uns gegenwärtig noch die Masse glaubt – und was die Gebildeten unter unseren Vätern vor zirka hundert Jahren glaubten. Die Zeit ist nicht ferne, wo solche Dinge nur mehr die Australneger glauben werden.

---

[1] Vgl. das Kapitel über die «Solidarität Europas» in meinem Buche «Der Genius des Krieges usw.» [Als ergänzende Schriften dieses Aufsatzes bieten sich an: «Der Mensch im Weltalter des Ausgleichs», Ges.W. Bd. 9; «Probleme einer Soziologie des Wissens», Ges.W. Bd. 8; «Zur Idee des Friedens und der Pazifismus», Francke Verlag, Bern und München, 1974. Hrg.]

Zum Phänomen des Tragischen

Es soll in folgendem nicht die Rede sein von irgendwelchen Kunstformen, in denen Tragisches zur Darstellung kommt. So reich die Ausbeute auch sein mag, welche die Betrachtung der vorhandenen Formen der Tragödie für die Erkenntnisse dessen, was tragisch sei, vermittelt, so wird doch das Phänomen des Tragischen nicht erst aus der künstlerischen Darstellung selbst gewonnen. Das Tragische ist vielmehr ein *wesentliches Element im Universum selbst*. Schon der Stoff, dessen sich die künstlerische Darstellung und der Tragiker bemächtigt, muß das dunkle Erz dieses Elementes in sich enthalten. Soll beurteilt werden, was eine echte Tragödie ist, so muß ein möglichst reines Erblicken des Phänomens selbst schon vorhergegangen sein. Auch ob das Tragische ein wesentlich «ästhetisches» Phänomen sei, ist zweifelhaft. Sprechen wir doch mitten in Leben und Geschichte, ohne daß wir uns in irgendwelch ästhetischer Einstellung befinden, ungemein häufig von tragischen Vorkommnissen und tragischen Geschicken. Auch alle Fragen nach der bloßen Wirkung des Tragischen auf unser Gefühl und wieso wir Tragisches, das uns künstlerisch geformt dargeboten wird, zu «genießen» vermögen, seien hier ausgeschaltet. Denn all dies kann uns nicht sagen, *was das Tragische ist*. Jene übliche «psychologische» Betrachtung, die von der Untersuchung der Erlebnisse des Zuschauers oder Betrachters eines tragischen Vorkommnisses ausgeht und dann von hier aus die «objektiven Bedingungen», gleichsam die Reize für jene Erlebnisse zu finden und zu beschreiben sucht, geht der Sache mehr aus dem Wege, als daß sie sie erleuchtet[1]. Sie sagt nur, wie das Tragische wirkt, nicht was es ist.

«Tragisch» ist doch zunächst ein Merkmal von Vorkommnissen, Schicksalen, Charakteren usw., das wir an diesen selbst wahrnehmen und erschauen, das in ihnen selber seinen Sitz hat. Es ist ein schwerer, kühler Hauch, der von diesen *Dingen selbst* ausgeht, ein dunkler Schimmer, der sie umfließt und in dem uns eine bestimmte Beschaffenheit der *Welt* – und nicht unseres Ich, seiner Gefühle, seiner Mitleids- und Furchterlebnisse – aufzudämmern scheint. Was da im Betrachter vorgeht, *wenn* er Tragisches erblickt, wenn er diesen schweren, kühlen Hauch, der von den Dingen herkommt, wenn er das strahlende Dunkel, das um das Haupt des «tragischen Helden» zu schweben scheint, anschaut, das ist ganz unabhängig

---

[1] So auch die berühmte Definition des Aristoteles, tragisch sei, «was Mitleid und Furcht erwecke».

von seiner Fähigkeit, dieses Phänomen mit seinem eigentümlichen symbolischen Sinn für eine bestimmte Weltbeschaffenheit zu erfassen. Es gibt Naturen, und selbst große Seelen sind darunter, die für das Tragische blind oder halbblind sind, z. B. Raffael, Goethe, Maeterlinck[2]. Und auf alle Fälle muß man schon wissen, was tragisch *ist*, um diese Erlebnisse zu schildern. Außerdem sind diese Erlebnisse historisch weit veränderlicher als das Tragische selbst. Eine Äschyleische Tragödie bewirkt sicher heute ganz andere Gefühle als zur Zeit des Äschylos, während das Tragische darin allen Zeiten erfaßbar ist.

Von diesen Erlebnissen des Zuschauers *angesichts* des tragischen Konfliktes sind indessen wohl zu scheiden die Geistesakte, in denen das Tragische *erfaßt* wird, die innere Blick- und Fühlensrichtung, in deren Linien es uns aufgeht; diese sind Gegenstand der Erlebnistheorie des Tragischen. Sie hat nichts zu tun mit Schilderungen seiner psychischen Wirkung. Die erste Frage steht der Frage nach dem Wesen des Tragischen und seinen wesenhaften Erscheinungsbedingungen näher und ist nicht von ihr zu trennen.

Wie also ist dann vorzugehen? Sollen wir uns allerhand Beispiele des Tragischen, d. h. allerhand Vorkommnisse und Geschehnisse, von denen Menschen den Eindruck des Tragischen aussagen, zusammenstellen und dann induktorisch fragen, was sie denn «gemeinsam» haben? Das wäre eine Art induktorischer Methode, die auch experimentell unterstützt werden könnte. Indes dies würde uns noch weniger weiterführen als die Beobachtung unseres Ich, wenn Tragisches auf uns wirkt. Denn mit welchem Recht sollten wir den Aussagen der Leute das Vertrauen entgegenbringen, es *sei* auch tragisch, was sie so nennen? Die Stimmenzahl tut es hier sicher nicht. Und wie sollen wir ohne Wissen, was tragisch ist, entscheiden, welche Rede hier gilt und welche nicht? Und angenommen, wir hätten darüber Rechenschaft, wir hätten ein kunterbuntes Allerlei beisammen, das berechtigt «tragisch» genannt wird – was «Gemeinsames» würde dann übrig bleiben an ihm, das dieses Urteil berechtigt? Doch wohl nur, daß dies alles tragisch genannt wurde.

Alle Induktion setzt doch voraus, daß man bereits wisse und fühle, *was* tragisch *ist* – nicht, welche Dinge und Ereignisse tragisch

---

[2] Siehe Maeterlinck «Weisheit und Schicksal».

sind, sondern was «das» Tragische selbst ist, was sein «Wesen» ist.
Wir wollen anders vorgehen. Etwaige Beispiele (und auch Aussagen anderer) sollen uns nicht Unterlagen für ein induktorisches Verfahren geben, den Begriff des Tragischen zu abstrahieren – sondern nur eine Vorrichtung abgeben, an der wir zu erschauen suchen, was denn in der *Sinn- und Bedeutungsrichtung* des Wortes «tragisch» selbst liegt, welches *Phänomen* diese Bedeutung erfüllt, gleichgültig, wer das Wort gebrauchte und zu welchem Zwecke; und unter dem Erleben welcher Erlebnisse das Phänomen zur Gegebenheit kommt. Die Beispiele sind uns nicht Tatsachen, an denen das Tragische wie eine Eigenschaft klebt, sondern nur etwas, was die konstitutiven Erscheinungsbedingungen des Tragischen enthalten wird; was uns Anlaß gibt, sie aufzufinden und in ihnen das Tragische selbst zu schauen. Nicht um ein Beweisen, sondern um ein Sehenmachen, um ein Zeigen handelt es sich hier.

Auch hüte man sich, das Tragische selbst als *Phänomen* mit seinen metaphysischen, religiösen und sonstigen spekulativen *Deutungen* gleichzusetzen. Das Tragische ist nicht Werk oder Folge einer «Deutung» der Welt und der Weltbegebenheiten: Es ist ein fester und machtvoller Eindruck, den gewisse Sachen machen – und der selbst wieder ganz verschiedenen «Deutungen» unterworfen werden kann. Theorien wie z. B. jene, die Maeterlinck auseinandersetzte (im Grund die Theorie jedes entschiedenen Rationalismus und Pantheismus), nach der das Tragische nur eine Folge einer falschen und vergänglichen *Weltdeutung* wäre, gar etwa auf Nachwirkungen der Empfindungsweisen barbarischer Zeiten und ihrer ungezügelten Leidenschaften beruhte, oder eine Art plötzlicher Konsternation vor Mängeln der Welt, gegen die man «noch» keine Abhilfe weiß oder – wie Maeterlinck sagt – immer nur Folge davon, daß «kein Weiser in der Nähe stand», kein Weiser, der die Dinge wieder eingerenkt hätte – und dergleichen mehr, sind schon darum völlig irrig. Sie erleuchten nicht, sondern leugnen das Wesen des Tragischen zugunsten ihrer Weltdeutung und zugunsten von Zeiten, die es vielleicht zu sehen verlernten. Wir aber schließen, daß diese Weltdeutungen irrig sind, da sie für das zweifellose *Faktum* des Tragischen keinen Platz haben. Und daß die Zeiten klein sind, die es nicht sehen.

Metaphysische Deutungen des Tragischen sind sehr interessant. Aber das Phänomen selbst ist ihre Voraussetzung. Gewisse Metaphysiker, wie z. B. Eduard v. Hartmann, machen Gott selbst zum tragischen Helden. Andere meinen, das Tragische sei eine Sache, die nur an der Oberfläche der Dinge liege, und hinter allen Tragödien läge eine unsichtbare Harmonie, in der sich alles Tragische auflöste. Aber wo die Quelle der tragischen Geschicke auch sprudele, ob in den letzten Gründen des Seins, ob nur in menschlicher Leidenschaft und Unruhe, auch das zu wissen setzt voraus, was tragisch ist.

Alle «Deutungen» stranden an der Härte letzter Tatsachen – die stumm ihrer spotten.

Es tut nicht nur hinsichtlich des Tragischen not, der beweglichen Vernunft des Zeitalters *Tatsachen* entgegenzusetzen.

Das Tragische und die Werte

Alles, was tragisch heißen mag, bewegt sich in der Sphäre von *Werten und Wertverhältnissen*.

In einem wertfreien Universum – wie es z. B. die streng mechanische Physik konstruiert – gibt es keine Tragödien.

Nur wo es Hohes und Niedriges, Edles und Gemeines gibt, gibt es so etwas wie tragische Vorkommnisse.

Darum ist «tragisch» aber nicht selbst ein Wert wie schön, häßlich, gut, schlecht. Wohl aber erscheint das Tragische an Dingen, Menschen, Sachen nur durch Vermittlung der ihnen anhaftenden Werte.

Es ist also immer durch Werte und Wertbeziehungen getragen oder fundiert. In dieser Sphäre wiederum ist sein Ort nur da, wo Werteträger sich *bewegen*, und wo sie irgendwie *aufeinander wirken*.

In der ruhenden Wertewelt mag Heiterkeit, Trauer, Erhabenheit, Ernst liegen – Tragik muß ihr fehlen. Das Tragische erscheint in der Sphäre der Wertbewegung, und Vorkommnisse, Geschehnisse müssen da sein, wenn es erscheinen soll. Zeit, in der etwas geschieht und entsteht, in der etwas verloren geht und vernichtet wird, gehört daher zu den Erscheinungsbedingungen des Tragischen.

Im bloßen Raume wohnt – trotz Schiller – manches Erhabene; aber kein Tragisches. In einer raumlosen Welt wären Tragödien möglich; in einer zeitlosen nicht.

«Tragisch» ist im ursprünglichen Sinne daher immer die Bestimmung einer *Wirksamkeit* im Tun und Leiden. Auch der tragische «Charakter» ist es nur, weil in ihm die Dispositionen für ein tragisches Tun und Erleiden liegen; und auch eine «Situation», ein Zusammen- und Gegeneinanderstehen von Kräften, ohne widerstreitende Taten fordernde «Verhältnisse» sind nur tragisch, weil sie mit solcher Wirksamkeit gleichsam voll und geladen sind. Diese Wirksamkeit aber muß eine bestimmte *Richtung* haben, damit Tragisches erscheine; eine Richtung, die im Geschauten und Gefühlten gegenwärtig sein muß: die Richtung auf *Vernichtung eines positiven Wertes* einer bestimmten Ranghöhe. Und die Kraft, die vernichtet, darf nicht wertfrei sein; sie muß *selbst* einen positiven Wert darstellen.

Ein Wert muß auf alle Fälle vernichtet werden, wenn es zum Phänomen des Tragischen kommen soll. Darum – innerhalb des Menschlichen – nicht auch notwendig der Mensch seinem Dasein und Leben nach. Aber *in* ihm wenigstens muß etwas vernichtet werden: ein Plan, ein Wille, eine Kraft, ein Gut, ein Glaube. Aber nicht diese Vernichtung als solche, sondern die Richtung des Wirkens auf sie durch Träger irgendwelcher niedrigerer oder gleicher positiver Werte – niemals aber höherer Werte – ist tragisch. Wenn der Gute z. B. den Bösen, der Edle den Gemeinen überwindet und zu Fall bringt, so ergibt sich niemals eine tragische Erscheinung. Der sittliche Beifall schließt hier den tragischen Eindruck aus. Aber so sicher dies ist, so sicher ist doch auch, daß das Vernichtende selbst nicht nur als Werteträger gegeben sein, sondern auch Träger eines *hohen positiven Wertes* überhaupt sein muß. (Positiv seien hier Werte genannt, die bzw. deren Träger Güter sind gegenüber Übeln, Gutes gegenüber Schlechtem, Schönes gegenüber Häßlichem. Alle Werte haben ja – abgesehen von ihrer Rangstufe hinsichtlich «Höher» und «Niedriger» – noch diese eigentümliche Entgegensetzung und Zweiheit.) Die Erscheinung des Tragischen ist also bedingt dadurch, daß die den höheren positiven Wert vernichtenden Kräfte selbst von Trägern positiver Werte ausgehen, und seine Erscheinung ist gerade da am reinsten und schärfsten, wo Träger *gleich* hochstehender Werte einander aufzureiben und einander aufzuheben wie «verdammt» erscheinen. Auch diejenigen Tragödien sind die wirksamsten Vermittler des tragischen Phänomens, in denen nicht nur jeder «recht hat», sondern auch jeder der im Kampfe stehenden Personen und Mächte ein gleich erhabenes

Recht vertritt, oder eine gleich erhabene Pflicht zu haben und zu erfüllen scheint. Wo den Träger des hohen Wertes positiver Natur, z. B. den Guten und Gerechten, ein bloßes Übel oder ein bloßes Böses von außen her überwältigt, da wird das Tragische sofort in ein bloß Sinnloses, Irrationales verkehrt, und an die Stelle des tragischen Mitleidens – das bei aller möglichen Tiefe nie zum Schmerze und zur Erregung werden darf, sondern immer eine gewisse geistige Kühle und Ruhe bewahren muß – tritt eine schmerzvolle Erregung.

Somit: Tragisch ist an erster Stelle der Widerstreit, der unter den Trägern hoher positiver Werte (z. B. hochstehenden sittlichen Naturen im Ganzen einer Ehe oder Familie oder in einem Staate) selbst erwacht. Tragisch ist der «Konflikt», der innerhalb der positiven Werte und ihrer Träger selbst waltet. Die hohe Kunst des Tragödiendichters ist es daher vor allem, die Werte einer jeden Partei, die in den Kampf eingeht, in ihr volles Licht zu setzen, das innere Recht einer jeden Figur voll und klar zu entwickeln.

Das Tragische und das Traurige

Es ist gewiß, daß alles Tragische irgendwie auch traurig ist, und zwar traurig in einem ausgezeichneten Sinne. Es ist *selbst*, als Schicksal, als Vorkommnis, umflossen von der Qualität[1] des Traurigen – wie solche z. B. auch in einer Landschaft, in einem Gesicht liegen kann; und andererseits erweckt es auch Trauer im *Gefühl* des Menschen: es stimmt die Seele traurig.

Aber nicht minder gewiß ist, daß nicht alles Traurige und zur Traurigkeit Stimmende tragischen Charakter hat. Jeder Todesfall *ist* selbst traurig und macht zuweilen die Hinterbliebenen traurig; aber sicher ist nicht jeder Tod tragisch.

Sehen wir einmal ab von aller Trauer, die sich unabhängig von Wertwahrnehmungen in uns bildet – allem bloß zuständlichen Gefühl –, halten wir uns an das «Trauern über etwas», das uns in einer *Bewegung* des Gemütes gegeben ist, die als «gefordert» von dem

---

[1] Daß die Qualität des Traurigen nicht ohne weiteres ein «Gefühl» ist, auch kein sog. «eingefühltes» Gefühl, dazu vergl. den Aufsatz über «Die Idole der Selbsterkenntnis» [Ges.W. Bd 3; Hrg].

Gehalt des Vorkommnisses erlebt ist und uns gleichzeitig nicht bezogen auf unsere individuellen Wünsche und Zwecke, sondern als Forderung des puren *Sachwertes* erscheint – so bleibt für die *tragische Trauer* noch eine doppelte Charakteristik, die in ihr selbst und ihrem Gegenstande wurzelt.

Die Trauer hat hier erstens eine ganz besondere Reinheit von aller «Erregung», «Entrüstung», «Tadel», auch allem begleitenden Wunsche, daß «es doch anders hätte kommen mögen»: Eine *stille ruhige Größe*, eine besondere Art von Friede und Gelassenheit ist ihr eigen. So lange unsere Willenstätigkeit durch den Vorfall noch aufgeregt wird, ja der Vorfall – wenn er vollendet ist und zur Katastrophe geführt hat – an irgendeiner Stelle auch nur die *Möglichkeit* eines Eingreifens, einer Lenkung in der Richtung der Abwendung der Katastrophe aufweist, kann sich die spezifische Färbung der tragischen Trauer nicht einstellen.

Die tragische Trauer hat damit auch eine gewisse *Kühle*, die sie scheidet von aller spezifischen Ich-Trauer, d. h. einer Trauer, die ein dem Ich entquellend erlebtes «Trauern über» darstellt. Sie wandelt uns gleichsam von außen her durch die Seele, gefordert von den Gestalten und Vorkommnissen, die da «tragisch» sind. Die Äschyleische Tragödie besonders weiß diese Färbung der Trauer in fast einziger Reinheit zu erwecken.

Beide Färbungen des tragisch Traurigen haben ihre Grundlage in einem zweifachen Wesenszuge des Tragischen, über den noch zu sprechen ist: In dem *exemplarischen Charakter* für einen *Wesenszug* unserer Welt, den das in sich begrenzte individuelle traurige Vorkommnis hat, und in der unmittelbar in die Erscheinung tretenden «*Unabwendbarkeit*» der Wertevernichtung, die alles Tragische enthält.

Bei jedem echt tragischen Vorkommnis sehen wir über das Vorkommnis selbst, das uns tragisch erscheint, dunkel *hinaus* auf dauernde, mit dem Wesen der Welt bereits gegebene Faktoren, Zusammenhänge, Kräfte, die «so etwas»[1] möglich machen. Es tritt uns also auf unmittelbare Weise – ohne Überlegung, ohne begriffliche oder sonstige «Deutung» – im tragischen Vorkommnis eine bestimmte *Weltbeschaffenheit* entgegen, die uns *in* dem Vorkommnis selbst – nicht durch Schluß von ihm auf seine Ursachen, Gründe –, nur momentan gebunden an es und doch unabhängig

---

[1] «So etwas» im Sinne eines so beschaffenen Wertverhaltes.

von seinen einzelnen realen Teilen, seinen kausalen Faktoren und allem zufälligen Aufeinandertreffen der Dinge und Begebenheiten, in Form einer *Ahnungs*einstellung anschaulich gegenwärtig wird.

Die Trauer – ich meine jene objektive Traurigkeit, die den tragischen Vorgang selbst umschwebt – hat daher eine eigentümliche *Tiefe* («Tiefe» im analogischen Sinne zur Tiefe des Raumes genommen) und eine *Unabsehbarkeit*, in der sie sich von aller Trauer «an» bestimmten und begrenzten Ereignissen scharf scheidet. Diese «Tiefe» gewinnt sie dadurch, daß der «Gegenstand» des Tragischen immer ein zwiefacher ist: Einmal das uns vor Augen stehende Ereignis, dann aber die in ihm nur exemplifizierte wesenhafte Weltkonstitution, von der das Ereignis als «Beispiel» vor uns steht. Die Trauer fließt so über das Ereignis *hinaus* in eine gleichsam horizontlose unbestimmte Weite. Das ist nicht eine allgemeine, in Begriffen bestimmbare Weltkonstitution, die angesichts aller tragischen Vorkommnisse *dieselbe* wäre, sondern immer eine *besondere, individuelle,* eigenartige, aber gleichwohl eine Konstitution der *Welt selbst*. Der gleichsam entferntere Gegenstand des Tragischen ist immer die «Welt» selbst, als Einheit gedacht: die «Welt», in der *so etwas* möglich ist. Und diese «Welt» selbst erscheint von jenem dunklen Schimmer des Traurigen mit umflossen, und nur auf dem Vordergrunde dieser unabsehbaren mitgegebenen Nächtlichkeit der Dinge selbst, die uns im Tragischen entgegentritt, sehen wir die begrenzten Ereignisse und Schicksale sich schärfer abheben.

Da uns das tragische Ereignis stets in einer Weltkonstitution als fundiert erscheint, die trotz aller Besonderheit der Ursachen des Ereignisses, trotz allen zufälligen Kausalreihen, die es durch ihr Sichschneiden herbeiführten und die – als solche – gar *nicht* in der Weltkonstitution liegen, immer aufs neue «solche» Ereignisse aus sich zu gebären wie «auf Lauer» liegt, und so «auf Lauer» auch der Anschauung ahnungsvoll gegeben ist, so liegt darin auch schon sein anderer Wesenszug: die *«Unabwendbarkeit»*.

Über den Sinn dieser ist noch zu reden. Hier interessiert uns die Färbung, die sie dem Traurigen im Tragischen verleiht.

Es gibt eine ganze Reihe von Gefühlen und Affekten, die nur an solche Wertvernichtungen gebunden sein können, die – gleichviel ob die Wertvernichtungen in diesem bestimmten Falle tatsächlich abwendbar waren oder nicht – doch *ihrem Wesen* nach «abwendbar» sind und «als» abwendbar auch gegeben sind. Was immer diese Gefühle sein mögen, Grauen, Entrüstung, Entsetzen usw., so haben sie doch gemeinsam den Charakter der *Erregung*, die am Gedanken eines möglichen Anders- und Besser-gehenkönnens, als es gegangen ist, und – innerhalb des Menschlichen – noch mehr am Gedanken: Hätte doch dieser oder jener anders gehandelt und gewollt, als er handelte und wollte – erwacht. Der Mensch als *praktisches* Wesen, und sei es auch nur als ein *möglich* Handelnder, ist dieser «Erregung» unbedingt verhaftet.

Sie weicht erst da, wo die Unabänderlichkeit und Unabwendbarkeit der Wertvernichtung – als eine *Wesens*unmöglichkeit – vor Augen steht. Ohne daß die Trauer aufhört, Trauer zu sein, wird ihr hier der Charakter des «Unbefriedigenden», des «Erregenden», des «Schmerzvollen» in dem engeren Sinne, in dem diese Erlebnisse in den leiblichen Begleitempfindungen von Druck, Angst, Schauer usw. sind, genommen.

Die tragische Traurigkeit ist gleichsam *pure*, leibempfindungslose, erregungslose, und in einem gewissen Sinne mit «Befriedigung» verbundene Trauer.

Alles Begehren, Sehnen, Wünschen nach einem Nichtsein des Vorgangs, der zur Vernichtung des Wertes führte, ist durch jene einsichtige Wesensunabwendbarkeit wie ausgelöscht.

Und indem das Traurige uns in wesenhaften Seinszusammenhängen der Welt selbst seinen letzten Ursprung zu haben scheint und alles, was sonst für es «verantwortlich» zu machen wäre, gleichsam auf das Weltwesen selber und auf die Verfassung *jeder möglichen «Welt»* abgewälzt erscheint, findet mit dem *Dasein* und Gehalt des *besonderen* Ereignisses, in dem diese Seins- und Wesenszusammenhänge greifbar und einsichtig werden, eine Art von Versöhnung statt – eine Versöhnung, die uns mit Frieden und Ruhe erfüllt und mit einer Art von Resignation, in der alle nur mögliche Schwäche, wie alles auch nur mögliche Schmerzvolle eines vom zufälligen Dasein nur *erzwungenen* Verzichtes auf eine «bessere faktische Welt» erloschen und dahingeschmolzen sind.

Also: Die spezifische Traurigkeit des Tragischen ist ein gegenständliches Merkmal des Vorgangs selbst – unabhängig von dem individuellen Lebenszusammenhang seines Betrachters. Sie ist *rein* von allem, was Erregung, Entrüstung, Tadel hervorrufen könnte. Sie ist kühl, still und groß. Sie hat eine Tiefe und Unabsehbarkeit. Sie ist frei von begleitenden Leibempfindungen und allem, was «schmerzvoll» heißen kann, und enthält Resignation, Befriedigung und eine gewisse Art von Versöhnung mit allem zufällig Daseienden in sich.

Der tragische Knoten

Es gibt einen Fall, wo unsere Bedingung, daß ein Widerstreit zwischen Trägern hoher positiver Werte stattfindet und in ihm einer der Träger zugrunde geht, bis zur äußersten Grenze erfüllt ist. Er ist gegeben, wenn die Werteträger gar nicht verschiedene Ereignisse, Dinge, Personen sind, sondern in *ein* Ereignis, *ein* Ding, *eine* Person zusammenfallen; ja noch mehr: womöglich in eine und dieselbe Eigenschaft, oder in ein und dieselbe Kraft, in ein und dasselbe Vermögen.

Im ausgesprochensten Sinne tragisch ist es daher, wenn ein und dieselbe Kraft, die ein Ding zur Realisierung eines hohen positiven Wertes (seiner selbst oder eines anderen Dinges) gelangen läßt, auch im Verlaufe dieses Wirkens selbst die Ursache für die Vernichtung eben dieses Dinges als Werteträgers wird.

Wo wir unmittelbar eine Wirksamkeit anschauend miterleben, die, indem sie einen hohen Wert realisiert, gleichzeitig und *im selben Aktus* des Wirkens diesem Wert oder einem anderen, zu ihm wesenhaft gehörigen Wert die Bedingung der Existenz untergräbt, da ist der Eindruck des Tragischen am vollkommensten und reinsten.

Daß derselbe Mut oder dieselbe Kühnheit, die einen Mann eine rühmliche Tat vollbringen ließ, ihn auch einer für einen mittelmäßig Klugen leicht vermeidbaren Lebensgefahr aussetzt, durch die er zugrunde geht («Wär ich besonnen, hieß ich nicht der Tell»); daß wir die wertvolle ideale Sinnesrichtung eines Menschen auf geistige Güter unter Umständen als den Grund sehen, der ihn an dem Kleinlichen des Lebens scheitern läßt und lassen *muß*; daß jeder nach Frau von Staëls Wort «Die Fehler seiner Tugenden hat», daß *dieselben* Wesenszüge seiner Charakteranlagen ihn zu seinem besten fähig gemacht und zugleich die «Katastrophe» verschuldet haben – das ist im eminenten Sinne «tragisch».

Ja, es bedarf hier nicht speziell menschlicher Verhältnisse. Eine Bildergalerie werde zerstört durch das Feuer, das aus einer Heizungsvorrichtung entsprang, die zur Erhaltung eben dieser Bilder gemacht war: Der Tatbestand hat schon einen leisen tragischen Charakter. «Tragisch» ist der Flug des Ikaros, dessen Flügel, mit Wachs befestigt, ihm im selben Maße verloren gehen, als er sich der Sonne nähert, die das Wachs zerschmilzt.

Man spricht mit einem treffenden Bilde von dem tragischen «Knoten». Das Bild versinnlicht eben jene innere unlösbare Wesens-Verknüpftheit, welche die werteschaffenden und die wertezerstörenden Kausalreihen in der *dynamischen Einheit des tragischen Wirkens* und Vorgangs miteinander haben.

Aber aus dem Gesagten geht noch ein anderes hervor. Der Ort des Tragischen – sein Erscheinungsspielraum – befindet sich weder in den Verhältnissen der Werte allein, noch in dem Verhältnis der kausalen Ereignisse und Kräfte, die sie tragen, sondern in einer eigenartigen Beziehung von *Wert*verhältnissen zu *Kausal*verhältnissen. Es ist ein Wesensmerkmal unserer Welt – und da ein «Wesensmerkmal», auch *jeder* Welt –, daß der kausale Verlauf der Dinge auf die in ihm erscheinenden Werte keine Rücksicht nimmt, daß die Forderungen, welche die Werte aus sich heraus stellen an Einheitsbildungen oder an Fortgang einer Entfaltung und Entwicklung des Geschehens in der Richtung auf ein «Ideal», dem Kausalverlauf gegenüber – wie nicht vorhanden sind. Dieser einfache Tatbestand, daß «die Sonne über Böse und Gute scheint», macht Tragisches allererst möglich. Geht die kausale Entfaltung der Dinge auseinander, eine Zeitlang in die Richtung einer gleichzeitigen Wertesteigerung, so erinnert alsbald eine neue Phase des Verlaufs den Menschen, daß dies nur «Zufall» war, nicht aber auf einem inneren Zusammenstimmen, auf einer Berücksichtigung der in den Werten gelegenen Erfüllungsforderungen durch die Kausalität der Dinge beruhte.

Ohne diesen Grundtatbestand gäbe es kein Tragisches und keine Tragödie:

Weder in einer Welt, die in *dem* Sinne einer «sittlichen Weltordnung» teilhaftig wäre, daß die Kräfte und Vermögen der Dinge genau nach dem Maße ihres Wertes verteilt und kräftig wären und ihre Wirksamkeiten sich nach den Forderungen richteten, die aus den Werten heraus nach Einheitsbildungen, Entfaltungen und Zusammenstimmungen ergehen – noch in einer Welt, da man die Kräfte jenen Forderungen *gesetzlich* entgegengerichtet verspürte, ihnen sich widersetzend und aus dem Wege gehend, wäre Tragisches möglich. Eine «satanische» Welt höbe das Tragische so gut auf wie eine vollkommen göttliche, eine Tatsache, die Schopenhauer in seiner Lehre vom Tragischen vergaß.

Tragisches ist uns daher nur gegeben, wenn unsere Einstellung in einem *ungeteilten* Akte des geistigen Blickes sowohl auf jener Kausalität der Dinge, als auf den immanenten Forderungen der Werte weilt.

Indem dann in dieser einheitlichen Gesamthaltung die einzelnen Teilakte der Geistestätigkeit bald den Linien jener Wertforderungen nachgehen und den gegebenen Tatbestand in den *ihnen* entsprechenden Einheiten zu synthetisieren und zu vollenden suchen, bald den Schritten der kausal bewegten Ereignisse folgen, stellt sich eine *anschauliche* Einsicht in jene *Un*abhängigkeit beider gleich sachlichen und objektiven «Gesetzmäßigkeiten» ein, in der gleichsam der letzte formale «Hintergrund» aller Tragödien erfaßt wird.

Es ist natürlich nicht im bloßen *Wissen* dieses Tatbestandes schon das Tragische gegeben.

Erst wo uns in einem konkreten Geschehnis diese Unabhängigkeit vollendet *sichtig* wird, tritt das tragische Phänomen hervor.

Aus dem Gesagten fällt nun auch auf unsere Bestimmung ein neues Licht. Denn nirgends ist uns jene anschauliche unmittelbare Einsicht klarer und sozusagen konzentrierter gegeben als eben da, wo wir *dieselbe* Wirksamkeit – nicht bloß zufällig aufeinandertreffende Reihen – an verschiedenen Stellen ihres Verlaufes einen hohen Wert hervorbringen und an einer anderen Stelle *denselben* Wert wieder wie ganz «gleichgültig» vernichten sehen.

Hier – wo wir die *Einheit* der Wirksamkeit noch wie mit einem Blick zu umspannen vermögen und nicht Glied für Glied durch diskursives Durchgehen aneinanderheften müssen – ist uns jener sonst nur gewußte Tatbestand wie mit Händen greifbar und spürbar geworden.

Notwendigkeit und Unvermeidlichkeit der Wertevernichtung

Was meinen wir damit, wenn wir vom Tragischen sagen, die in ihm enthaltene Wertevernichtung sei eine «*notwendige*»?

Sicher nicht die kausale Bedingtheit überhaupt!

Handelt es sich hier denn um «kausale» Notwendigkeit – oder nicht vielmehr um eine Notwendigkeit ganz anderer Art?

Man könnte zunächst meinen, es sei wohl kausale Notwendigkeit, aber eine bestimmte Art dieser, nämlich «innere Notwendigkeit», eine Notwendigkeit also, die *nicht* auf von *außen* hereinbrechenden Ereignissen beruhe, sondern die in der bleibenden Natur der Dinge, Menschen usw. liege, die das tragische Schicksal erleben.

Indes, die Tatsachen werden dieser vielgehörten Auffassung nicht gerecht: Ein Mensch, der z. B. durch eine angeborene Krankheit oder durch sonst eine in irgendeiner Richtung ausgesprochen mangelhafte Naturanlage dazu prädestiniert erscheint, bei der ersten Gelegenheit, da diese durch einen äußeren Reiz ausgelöst wird, zugrunde zu gehen, erscheint uns auch dann nicht tragisch, wenn hohe und höchste Werte (von dieser mangelhaften Naturanlage unabhängig) in ihm gelegen sind.

Darum ist z. B. Ibsens Oswald in den «Gespenstern», in dem durch die ererbte Krankheit des Vaters von vornherein der Wurm der Zerstörung nagt, trotz seines künstlerischen Genies keine tragische Gestalt.

Wir vermissen hier etwas, was zum Wesen des tragischen Helden gehört: Daß das Übel, das ihn in den Untergang breibt, zu denen gehört, gegen die überhaupt *ein Kampf* aufzubieten ist, und daß ein solcher Kampf auch tatsächlich aufgeboten wird.

Beides fehlt hier. Auch wer sich von vornherein dem Feindlichen ergibt, wer auf den Wert, der ihm zu entschwinden droht, sofort verzichtet und resigniert, ist sicher kein tragischer Held.

Die «Notwendigkeit», um die es sich hier handelt, muß also eine solche sein, die auch bei Hinzunahme aller «*freien*» Akte, über die nur der Mensch zu verfügen vermag, *dennoch* ihren Lauf nimmt. Erst da, wo wir der Katastrophe mit allen freien Kräften widerstanden und sie mit allen zu Gebote stehenden Mitteln bekämpft sehen, und wir *gleichwohl* ihr Hereinbrechen noch als «notwendig» verspüren, ja eben an der Wucht und Gewalt dieses aufgebotenen

Kampfes gegen sie und seinem Nachleben sie als eine besondere Art von *erhabener* Notwendigkeit verspüren, da ist die im Tragischen liegende «Notwendigkeit» vorhanden. Die tragische Notwendigkeit ist also nicht jene Notwendigkeit des Naturlaufs, die *unterhalb* der Freiheit liegt und unterhalb der Willensmacht, durch die freie Wesen in den Naturlauf eingreifen können, um ihn zu ihrem besten zu lenken; sondern sie ist eine Notwendigkeit, die gleichsam *oberhalb* der Freiheit gelegen ist: Die noch *bei Einschluß* der freien Akte oder der «freien Ursachen» in die gesamte Kausal-Sphäre, in der auch die unfreien Ursachen – d. h. jene, die selbst wieder Wirkung einer Ursache sind – liegen, immer noch besteht.

Wo immer daher Menschen uns als bloß «milieubestimmt» dargestellt werden, als vollständig determiniert durch die «Verhältnisse», wie im «Drama» des verflossenen Naturalismus, da ist für das Tragische ebensowenig eine Stelle als da, wo wir den Eindruck haben, daß bewußte freie Wahlakte für die zur Katastrophe treibenden entscheidenden Handlungen und Begebenheiten endgültig und eindeutig bestimmend sind.

Daher ist auch *weder* der Naturalismus und Determinismus, *noch* die rationalistische Lehre von einer durch Naturbegebenheiten uneingeschränkten «Freiheit des menschlichen Willens» eine die Erfassung des Tragischen auch nur ermöglichende Auffassung. In beiden «Welten» dieser Weltansichten ist für das Tragische darum keine Stelle, weil es darin für eine über Naturfaktoren und freie Wahl noch hinausreichende *Wesens*notwendigkeit keine Möglichkeit gibt.

Aber noch aus einem anderen Grunde genügt die Bestimmung der Notwendigkeitsart, um die es sich hier handelt, als einer «inneren» nicht.

Die causa immanens ist die in einem Ding, in einer Person liegende dauernde «Anlage», ihr «Vermögen», oder ihre «Kraft», die sich bei Eintritt gewisser Verhältnisse zu anderen Dingen, Situationen, Menschen betätigen.

Wo immer uns eine so festbestimmte Naturanlage zum Untergang des Wertes entgegentritt, da *fehlt* die wirkliche *Entwicklung*, die reale Erneuerung, die innere *Geschichtlichkeit*, die in der tragischen Begebenheit notwendig liegt: Da wäre die Katastrophe auch schon von vornherein voraussehbar – wenn wir nur ein festes und genaues Bild der Charaktere hätten.

Im Tragischen liegt aber das Paradoxe vor, daß die Wertevernichtung – *wenn* sie einmal vorliegt – uns zwar völlig «notwendig» erscheint, aber gleichwohl auch völlig «unberechenbar» eintritt. Wie immer die Katastrophe aus allen bei dem Vorgang beteiligten Faktoren (freien und unfreien) gleichsam genährt ist und in den sichtbaren Ereignissen schon schwanger geht, so muß doch ein Augenblick da sein, da sie wie eine gewitterschwere Wolke *über* den Ereignissen liegt, aber doch noch alles – auch nach idealer Berechnung – anders gehen *könnte*: Wo dann aber allererst eine Tat sie hervorbringt, die auf rationell unvorhersehbare Weise diese lauernden Faktoren zur Einheit *einer* Wirksamkeit zusammenfaßt.

Die scheinbar «günstige Wendung der Dinge» kurz vor der Katastrophe, die so viele Tragiker lieben, ist ein spezielles Mittel, um auch jeden Anschein von «Berechenbarkeit» im Zuschauer auszuschließen. Auch jenes Maß von «Spannung» auf den Ausgang, das jede Tragödie erwecken muß, wäre nicht möglich, wenn uns die Katastrophe in den inneren dauernden Anlagen der Charaktere und der Verhältnisse von vornherein voll gegründet erschiene. Es ist die *konkrete* Kausalität, die nichts mit «Naturgesetzlichkeit» zu tun hat, die sich an nie wiederkehrenden Konstellationen vollziehende Kausalität – jene, die man mit Recht als die eigentlich «historische» bezeichnet hat –, die auch im tragischen Vorkommnis waltet[1].

Darum müssen wir die Behauptung Schopenhauers zurückweisen, daß in der Tragödie wahre «Charakterentwicklungen» nicht stattfinden dürften, sondern nur «Enthüllungen» dessen, was von vornherein in den Menschen an Gesinnung und Charakter lag.

Gerade die tragische Umbildung eines Charakters, seine Gesinnungs- und Sinnesänderung, die wesentliche und dauernde Ablenkung von der zuerst genommenen Lebensbahn, ist selbst häufig entweder ein Teil der Katastrophe oder die Kastastrophe selbst. So ist z. B. der Zusammenbruch der Wertschätzung eines bisher verfolgten Lebenszieles – mitten im äußeren Siege – eine spezifisch tragische Erscheinung.

Die tragische Notwendigkeit ist also vor allem die in Wesen und Wesenszusammenhängen der Weltfaktoren gegründete *Unvermeidbarkeit und Unentrinnbarkeit*.

---

[1] Siehe Heinrich Rickert: «Grenzen der naturwissenschaftlichen Begriffsbildung», 2. Aufl., Freiburg 1913.

Und diese negativen Bestimmungen zeigen eben an, daß die hier in Frage kommende «Notwendigkeit» erst gegeben ist und in die Erscheinung tritt, wenn alle nur irgendwie denkbaren Kräfte ins Spiel getreten erscheinen, die die Wertvernichtung hintanhalten hätten *können* und den betreffenden Wert zu retten imstande gewesen wären.

Darum sind *zwei* Arten von Wertvernichtungen ihrem Wesen nach untragisch: Alle jene, die durch eine bestimmt *angebbare* Handlung oder Unterlassung, zu der jemand verpflichtet war, *verschuldet* sind, und alle jene, die durch Anwendung geeigneterer Techniken und Mittel *vermeidbar* gewesen wären.

Überall also, wo die Frage: «Wer hat schuld?» eine klare, bestimmte Antwort zuläßt, *fehlt* der Charakter des Tragischen.

Erst da, wo es dafür *keine* Antwort gibt, taucht die Farbe des Tragischen auf.

Erst da, wo wir den Eindruck gewinnen, es habe *jeder* in denkbar weitestem Maße den Forderungen seiner «Pflicht» Gehör gegeben und *doch* habe das Unheil kommen müssen, empfinden wir es als «tragisch».

Es besteht – innerhalb des menschlich Tragischen – gleichwohl nicht einfach ein *Fehlen* von «Schuld», sondern bloß eine *Unlokalisierbarkeit* der «Verschuldung». Wo immer wir uns an die «Stelle» eines Menschen, der bei Herbeiführung einer Katastrophe eine Rolle spielte, einen anderen, sonst gleichen, aber moralisch besseren Menschen, resp. einen solchen, der ein feineres Gehör für sittliche Forderungen gehabt hätte sowie eine größere Energie des stittlichen Willens, substituieren können, wird das Aufkommen des Eindrucks des Tragischen sofort *gehemmt* durch den aufkeimenden *Tadel* gegen diesen Menschen und durch dessen «Beschuldigung».

Hier fehlt auch sofort die «Notwendigkeit» des als tragisch erscheinenden Phänomens. Hätten wir z. B. beim Tode Christi die Vorstellung, daß dieser Tod, anstatt im Wesensverhältnis solch göttlicher Reinheit zur Gemeinheit und den Widerständen einer *konstanten* «Welt» zu liegen, nur durch die besondere moralische Pflichtvergessenheit des Pontius Pilatus, oder nur durch die Schlechtigkeit des Individuums Judas, oder durch die pflichtwidrigen Handlungen der Juden veranlaßt worden sei; daß dagegen *derselbe* Jesus von Nazareth, wenn wir an die Stelle gerade dieser ihn umgebenden Menschen sittlich «bessere» setzen, oder ihn in eine andere zeitgeschichtliche Umgebung verlegen, zu hoher Anerkennung und Ansehen in der Welt gekommen wäre, so wäre der Eindruck des Tragischen sofort dahin.

Jesu Tod ist nur tragisch, wenn er – überall und immer – und bei beliebig hoher «Pflichttreue» der Beteiligten eingetreten wäre.

Ein Justizmord z. B. kann niemals zu einem tragischen Untergang führen. Erst wo die *Idee* des «Rechtes» *selbst* es ist, die in die Vernichtung des höheren Wertes führt, ist Tragik vorhanden. Ein Justizmord erweckt – war er unvermeidbar – tiefes Mitleid, war er vermeidbar, tiefe Entrüstung; niemals aber tragisches Mitleid[1].

Wenn es wahr ist, daß ein Unheil erst tragisch ist, wenn jeder seine «Pflicht» getan hat, und im gewöhnlichen Sinne des Wortes *niemand* die «Schuld» verschuldet hat, so gehört es auch zum Wesen des tragischen Konfliktes, selbst durch den *ideal* weisesten und gerechtesten Richter unschlichtbar und unheilbar zu sein. Die tragische Missetat ist sogar definitorisch die, vor der alle *mögliche* moralische und rechtliche Beurteilung *verstummt*; und umgekehrt ist jeder moralisch und juridisch noch durchschaubare und schlichtbare Konflikt seinem *Wesen* nach untragisch. Eben jenes wesenhafte Sichverlaufenkönnen der Grenzen von Recht und Unrecht, Gut und Böse in der Einheit der Handlung, jenes Sichverschlingenkönnen der Fäden, der Motive, Absichten, Pflichten so, daß das Nachgehen eines *jeden* Fadens den Betrachter mit *gleicher* Evidenz bald zum Urteil «Recht», bald zum Urteil «Unrecht» führt: Jene nicht in mangelnder moralischer und juridischer Weisheit gegründete, sondern vom *Gegenstand selbst* geforderte absolute *Verwirrung* unseres moralischen und rechtlichen Urteils gehört zum Wesen der subjektiven Seite des tragischen Eindrucks und hebt uns damit über die ganze *Sphäre* von möglichem «Recht» und «Unrecht», von möglicher «Beschuldigung» und «Entrüstung» *hinaus*.

Die «tragische Schuld» ist eine Schuld, für die man *niemanden* «beschuldigen» kann, und für die es darum keinen denkbaren «Richter» gibt.

Gerade aus dieser Verwirrung unseres moralischen Urteils, aus diesem vergeblichen Suchen nach einem *Subjekt* der Verschuldung

---

[1] Darum läßt Äschylos in seinen Eumeniden die Richter des Areopag gleich viel schwarze und weiße Kugeln für Schuld oder Unschuld des Orestes abgeben.

einer «Schuld», die wir doch *als* Schuld sonnenklar vor uns sehen, ersteht nun aber jene *spezifisch tragische Trauer* und jenes tragische Mitleid mit der ihnen eigenen Ruhe und Stille des Gemüts, von der die Rede war; ersteht jene *Abwälzung* des Furchtbaren auf den Kosmos als Wesen, die gerade mit der Endlichkeit der Taten und Vorgänge, mit den daran beteiligten einzelnen Menschen und Willen *versöhnt.*

So ist das tragisch Schlechte ein jenseits von bestimmbarem «Recht» und «Unrecht», von «Pflichtgemäß» und «Pflichtwidrig» Gelegenes.

Aber die Individuen haben ganz *verschiedene* Mikrokosmen von Werten, je nach der Fülle ihrer sittlichen Erkenntnis, und zwar der ihnen möglichen sittlichen Erkenntnis.

Und danach erst *bemessen* sich ihre möglichen «Pflichten» und Pflichtenkreise – von allen Besonderheiten ihrer empirischen Lebenssituation noch ganz unabhängig. Tut jedes Individuum seine «Pflicht», so tun sie wohl *moralisch* dasselbe, im Maße als sie dies tun; *nicht* aber tun sie damit Gleich*wertiges*, oder *sind* etwa gar darin gleichwertig. Wie tief sie dabei in den Makrokosmos der sittlichen Werte hineinblicken, der die gesamte Ausdehnung des Reiches von möglichem Gut und Böse enthält, welchen Teil sie innerhalb dieses Makrokosmos wahrnehmen, ist dadurch, daß jedes Individuum innerhalb des *ihm* gegebenen Wertbereichs das «beste» pflichtgemäß vollbringt, noch keineswegs entschieden. Es ist nicht die Pflicht und ihr Tun, was «adelt» – wie die kantische allzu kurzsichtige Ethik meint –, sondern «Noblesse oblige»: Es ist der ursprüngliche Adel der Menschen, der ihnen ganz *verschiedene* Spannweiten von *möglichen* Pflichten setzt, durch die sie an die sittliche Welt in ganz verschiedenem Maße gekettet und für sie «bedeutsam» sind.

Es ist ein Unterschied, ob ein Gewürzkrämer oder ein echter König seine «Pflicht» tut; ein Unterschied, ob einer, der, über ganz wenig sittliche Wertunterschiede überhaupt verfügend, mit seinen paar ärmlichen Willensinhalten seine «Pflicht» tut, oder ein anderer, der, in einer Fülle tausendfältig abgestufter menschlicher und anderer sittlicher Beziehungen lebend und ein feingegliedertes Reich sittlicher Wertunterschiede vor Augen, und von vornherein *höhere* Werte als die anderen schauend, seine «Pflicht» tut, indem er die für *ihn* noch als höchste gegebenen Werte vorzieht und in Wollen und Tun realisiert. Der letztere muß mit *derselben* Handlung noch pflicht*widrig* sich verhalten, mit der der Wertblindere noch voll *seine* Pflicht erfüllt.

Wenn wir nun sagten, daß im echt tragischen Vorgang jeder seine «Pflicht» tun müsse, oder wenigstens es einsichtig sein muß, daß – auch wenn jeder seine Pflicht getan hätte – die Wertevernichtung, und damit die Verminderung des sittlichen Gesamtwertes der Welt, dennoch hätte eintreten müssen, so wollten wir dabei diese ganz andere *Dimension* der sittlichen Wertunterschiede der in der Tragödie beteiligten Individuen und ihres *Seins* nicht etwa gleichfalls ausgeschlossen wissen. Es ist vielmehr gerade ein ganz besonders charakteristisch Tragisches, daß das in dieser Seinsdimension «edlere» Individuum *mitten unter* den streng erfüllten «Pflichten» der unedleren Individuen *zermalmt* wird. Und es erscheint wie ein besonderer schwermütig-ironischer Reiz dieser Art des Tragischen, wenn das edlere Individuum auch noch eine *moralische* Schuld auf sich lädt, die seine Gegner nicht auf sich geladen haben – in der absoluten Abrechnung aber der von ihm faktisch realisierten sittlichen Werte seine Feinde hoch *überragt*. Gerade da das edlere Individuum leichter «schuldig» werden kann als das unedlere – gemäß seines *reicheren* und höheren Pflichtenkreises – hat es ja von vornherein eine sittliche «Gefährdung», die als solche schon etwas potentiell Tragisches an sich hat, da es diese Gefährdung seiner edleren Natur ebenso verdankt als schuldet. Nicht nur der Prometheus der Technik, der dem Zeus das Feuer stiehlt, sondern noch mehr die sittlichen Prometheuse, in deren Auge zuerst ein zuvor nie gekannter sittlicher Wert aufblitzt, sind tragische Gestalten. Indem sie Werte realisieren und Pflichten haben, welche die Menge noch nicht als Wert zu sehen und als Pflicht zu fühlen weiß, tut die Menge selbst nur *ihre* «Pflicht», wenn sie, das für «schlecht» ansehend, was für die Menge noch nicht «gut» sein kann, und das als willkürliche Herausnahme eines Rechtes, was sie als *ihre* Pflicht nicht kennt, den Individuen den Prozeß macht. Tragisch aber ist solcher «Fall» des «Edlen» ebendadurch, daß hier jede etwaige *moralische* Mißbilligung der Menge *notwendig* schweigen muß – die ja selbst nur «guten Gewissens» *ihre* heilige «Pflicht» erfüllt.

Noch tiefer dringt man von hier aus in die «tragische Schuld» ein, wenn man sich darüber klar wird, was denn in solchem Falle der Vollzug der Pflicht des Edleren ist. Ich setze hier voraus – ohne es hier zu beweisen –, daß moralisch «gut» das Verhalten ist, durch das wir einen im Akte des Vorziehens als höher erfaßten Wert verwirklichen oder zu verwirklichen tendieren[1]. Den höheren Wert «vorziehen», das ist aber immer äquivalent mit: den niedrigeren Wert nachsetzen, resp. seine Verwirklichung unterlassen. Nun sind aber alle «Moralnormen», d. h. alle gebietenden Regeln allgemeiner Art, nur Angaben, was – bei *gegebenem* Wertdurchschnittsniveau einer Epoche – *innerhalb* typisch und regelmäßig wiederkehrender «Situationen» zu wollen und zu tun ist, wenn die auf *diesem* Wertniveau «höheren» Werte realisiert werden sollen. Jede materiale Moral-Regel enthält dabei bereits die Voraussetzungen der *besonderen* positiven Güterwelt der betreffenden Zivilisationsstufe. Wie ist es nun, wenn der «Edlere», im vorher bestimmten Sinne, einen Wert erschaut hat, der höher ist als die durchschnittlich bekannten, in jenem Wertniveau überhaupt vertretenen Werte – wenn er jenen *Vorstoß* in den sittlichen Wert-Kosmos vollzogen hat, den die Menge noch nicht zu fassen vermag? Dann ist klar, daß ihm als schlecht und böse – und demgemäß auch als «pflichtwidrig» – für ihn selbst erscheinen muß, was nach der herrschenden Moral als «gut» und «pflichtgemäß» erscheint. Und daß dies so ist, das ist nicht ein vermeidbarer, sondern – um einen Terminus Kants zu gebrauchen – ein «notwendiger Schein». Und da nun alles, was nur überhaupt «moralische Regel» sein kann – auch bei vollkommenster Kodifikation und streng logischer Aufstellung dieser Regeln – immer schon die positive dingliche Güterwelt der «Zeit» voraussetzt, die doch selbst schon durch das System des herrschenden Wertniveaus in ihrer Beschaffenheit mitdeterminiert – so *muß* er das «Sittengesetz» oder alles, was nur im Sittlichen «gebietendes Gesetz» sein *kann*, verletzen. Er *muß* – faktisch schuldlos, auch vor dem gerechtesten Richter noch, von Gott allein abgesehen – *notwendig* als «schuldig» erscheinen. Es liegt nicht in einer Irregularität, sondern im *Wesen* aller sittlichen «Entwicklung», *daß* dies so sei.

Hier meine ich den Kern jener notwendigen und «schuldlosen Schuld» zu gewahren, den man bisher nur mit einem Gefühl für das Rechte in dieser paradoxen Form ausgedrückt hat. Das Wesentliche ist hier die Notwendigkeit der Täuschung, in die der gerechteste Moralist noch angesichts des «tragischen Helden» verfallen

---

[1] Vgl. hierzu mein Buch «Der Formalismus in der Ethik und die materiale Wertethik» [Vgl. 5. Ausgabe, S. 47, u. Erster Teil, II B, 3 u. 4].

muß. Obgleich der tragische Held sittlicher Erkenntnis[1] evident seinem Wesen nach das Gegenteil des Verbrechers ist, kann er seinem Zeitalter vom Verbrecher ununterscheidbar werden. Erst in dem Maße, als seine neuerlebten Werte sich durchsetzen und zur geltenden «Moral» werden, mag er – in historischer Rückschau – als sittlicher Heros erkannt und anerkannt werden. Darum gibt es, streng genommen, keine gegenwärtigen Tragödien, sondern nur vergangene. Der tragische Mensch geht innerhalb seiner «Gegenwart» notwendig still und lautlos seinen Gang. Er schleicht unerkannt durch die Menge; wenn er nicht gar in ihr als Verbrecher gilt. Das Fehlen einer Instanz, die Genius und Verbrecher scheidet, ist hier kein zufälliges, sondern ein notwendiges Fehlen.

Hier, in diesem tragischen Geschick des sittlichen Genius erfassen wir vielleicht auf eine einzige Art und Weise den Nerv der Geschicklichkeit, der völligen Unvoraussehbarkeit der sittlichen Menschheitsentfaltung: Und zwar in dem absolut chancelosen «Wagnis» und der damit verknüpften absoluten Einsamkeit des sittlichen Genius. Ein Moment von dem Typus des Tragischen, wie es Jesus in Gethsemane erlebt haben mag, enthält in einziger Weise *diese* Einsamkeit. Hier erscheint gleichsam das Gesamtschicksal der Welt wie komprimiert im Erleben *eines* Menschen, als stünde er in diesem Momente allein und doch in der «Mitte», im Zentrum aller Kräfte, die das Universum bewegen. Er erlebt, wie sich ganze Epochen der Geschichte in ihm entscheiden, ohne daß ein anderer darum weiß; wie alles in seiner Hand als des «Einen» liegt.

Und noch eines wird hierdurch vielleicht verständlich: Der tragische Held dieses Typus *verschuldet* nicht seine Schuld, sondern er *«verfällt»* ihr. Diese mit Recht gebrauchte Redeweise gibt ein sehr charakteristisches Moment der «tragischen Schuld» wieder: Eben dies, daß die «Schuld» zu ihm komme, und nicht er zur Schuld!

«Ihr führt ins Leben ihn hinein...»

Dieses «Verfallen» in Schuld bedeutet durchaus nicht, daß der tragische Held von einer so unmäßigen Leidenschaft oder einem Drängen und Treiben in eine Richtung hinein bewegt werde, daß dieses Drängen die zentrale Stelle seines Ich gewönne und sein Wollen *dadurch* in diese Richtung genötigt werde. Dies ist auch der Fall bei der gewöhnlichen moralischen Schuld – wenigstens in ir-

---

[1] Nur von ihm, nicht vom tragischen Helden überhaupt ist hier die Rede.

gendeinem Maße; und Quantitäten können hier nichts entscheiden. Auch bei stärkstem Drängen ist das Wollen, das dieser Richtung «folgt», noch ein neuer, nicht durch dies Drängen allein bedingter Aktus. Die tragische Schuld, in die der Held «verfällt», ist vielmehr dadurch charakterisiert, daß ihm aus den Inhalten des *Spielraumes* seiner *möglichen* Wahl allüberall ein «schuldhaftes» Tun oder Unterlassen entgegendunkelt, und er so *irgend* einer Art von Schuld unentrinnbar wird und ihr auch bei der Wahl des relativ «besten» Inhalts *notwendig* verfällt.

Die moralische oder die «verschuldete Schuld» ist gegründet im *Wahlakt*; die tragische oder «unverschuldete Schuld» schon in der *Wahlsphäre*. Der Akt der Wahl ist seitens des tragischen Helden eben darum *frei* von Schuld – gerade umgekehrt also wie bei der moralischen Schuld, in der die Wahlsphäre auch objektiv schuld*freie* Möglichkeiten enthält und die Schuld dem *Akte* allein anhaftet. Dagegen «wird» der tragische Held «schuldig» in schuldlosem *Tun*.

Es ergibt sich aus dem Gesagten, wie absurd die Schulmeistertheorie ist, in den Tragödien eine moralische Verschuldung zu suchen und den Tragiker anstatt zum ehrfürchtigen Darbieter eines tragischen Phänomens zum sittlichen Richter über seine Helden zu machen, der sie bestraft, indem er sie zugrunde gehen läßt. Nur eine völlige Blindheit für das tragische Phänomen überhaupt konnte diese albernste aller Theorien aushecken. Aber auch darin würde man in die Irre gehen, wenn man den richtigen Begriff der tragischen Schuld so weit ausdehnen wollte, als das tragische Phänomen überhaupt. Da nach den früheren Ausführungen das Tragische durchaus kein spezifisch Menschliches oder auf Willenstat Beschränktes ist, sondern ein *universales* Phänomen, so erübrigt sich diese Meinung schon darum von selbst.

Dazu aber sei bemerkt: Wo eine «tragische Schuld» faktisch vorliegt – ist nicht die Tat des Helden, an der er Schuld trüge, oder was sich an «Katastrophe» daran knüpft, z. B. sein Untergang, der Träger des tragischen Phänomens, sondern das «*Verfallen in Schuld*» *selbst*; die Tatsache also, *daß* der Willens-Reine in Schuld verfällt – das ist hier der Träger und der Kern der Tragik selbst. So ist tragisch für Othello, daß er in die Schuld verfällt, die Geliebteste töten zu müssen, und für Desdemona, vom Geliebten, der sie liebt, schuldlos getötet zu werden. Der Tod Othellos ist nach seinen eigenen Worten: «Denn wie ich fühl', ist Tod Glückseligkeit» nicht

Strafe für seine Tat, die als «Strafe» doch ein gefühltes Übel enthalten müßte, sondern gerade Erlösung.

Die tragische Schuld ist also nicht Bedingung des tragischen Phänomens – was ja auch ein circulum in demonstrando wäre, wenn die Schuld nicht irgendwelche «Schuld», sondern eben – «tragische» Schuld sein müßte, sondern sie ist eine *Art* des Tragischen selbst, und da es sich hier um sittliche Werte, also eine Art der absoluten Werte handelt, sozusagen der *Kulminationspunkt* des Tragischen. Nicht der Tod oder ein anderes Übel, sondern sein «Verfallen in Schuld» macht das tragische Geschick des Helden aus.

Nachwort des Herausgebers

Die drei Abhandlungen Max Schelers (1874–1928) «Tod und Fortleben», «Die Zukunft des Kapitalismus» und «Zum Phänomen des Tragischen» sind um 1914 entstanden, d. h. um die Zeit der beiden ersten Hauptwerke des Philosophen: *Zur Phänomenologie der Sympathiegefühle und von Liebe und Haß* (1913; erweitert als *Wesen und Formen der Sympathie,* 1923) und *Der Formalismus in der Ethik und die materiale Wertethik,* (1913/1916). «Die Zukunft des Kapitalismus» ist einer größeren Arbeit, betitelt: «Der Bourgeois – Der Bourgeois und die religiösen Mächte – Die Zukunft des Kapitalismus» entnommen[1].

Es ist die Absicht des Nachwortes, die drei Abhandlungen des vorliegenden Bandes im Rahmen einiger Thematiken der Gesamtphilosophie Max Schelers zu beleuchten.

Möchte man diese Abhandlungen auf einen Leitgedanken zurückführen, so ist es die These Schelers, wonach die gesamte menschliche Geschichte von solchen Ideen geprägt ist, die der Mensch «von sich selbst» hat, die aber immer schon zu einem Umkreis bestimmter Wertearten gehören, innerhalb deren der Mensch seinen ethischen Aufenthalt hat. Jene auf weiteste Strecken der Geschichte wechselnden Selbstverständnisse des Menschen sollen sozusagen Kontrapunkte sein, auf denen sich die Geschichte mehr oder weniger abspielt. Als Beispiele solcher Ideen, die der Mensch von sich selbst hat, gelten Scheler etwa die Idee eines von Gott geschaffenen Menschen (Altes Testament), die Idee des Menschen als Träger der Vernunft (Antike), die Idee des Werkzeug- oder Arbeitsmenschen (homo faber), die Idee des Menschen als «Déserteur des Lebens» (Theodor Lessing, A. Schopenhauer) und die Idee eines Gott nicht bedürftigen Menschen (Nietzsche, N. Hartmann oder heute etwa Sartre).

Der Gedanke, daß jene Verständnisse des Menschen von sich selbst – Scheler ließ die Möglichkeit, daß sich noch weitere finden

---

[1] Alle oben genannten Arbeiten Max Schelers sind in den «Gesammelten Werken», Francke Verlag, Bern und München, mit Kommentaren zu den Manuskripten, Anmerkungen zum Text, und Kreuzverweisen in das Gesamtwerk des Philosophen erschienen. Sie sind enthalten in den Bänden 2, 3, 7 und 10. Alle Bände der «Gesammelten Werke» enthalten ein Sach- und Personregister.

lassen, offen – geschichtsprägende Faktoren sind, steht natürlich im Gegensatz zu anderen Geschichtstheorien, für die z. B. soziologische, geographisch-klimatische, rassische, oder wirtschaftliche Faktoren geschichtsbildende und geschichtsleitende Kräfte sein sollen. Die personalistische Geschichtsthese Schelers, für die wir erste Ansätze bereits im 2. Teile seines oben genannten *Formalismus in der Ethik und die materiale Wertethik*, sowie in seiner Abhandlung «Vorbilder und Führer»[1] finden können, zeigt uns zunächst einmal folgenden Sachverhalt an: bildlich gesprochen sieht Scheler die Geschichte als einen Prozeß verschiedener Strömungen (z. B. von Kulturkreisen) an, denen irgendein menschliches Selbstverständnis zugrunde liegt, durch das sich Stil, Denkart, Interessenrichtungen, Tradition, Erwartungssphäre, Politik, Kunst, Erziehung, ja sogar die jeweilige Geschichtsauffassung selbst, sofern sie vorhanden ist, ausdrückt. Man kann diese Ansicht in etwa damit vergleichen, daß auch das Individuum stets ein relativ optimales Bild von sich selbst hat bzw. unterbewußt sich vorhält, nach dessen Maßgaben die Handlungen des Individuums zu jeder Zeit mehr oder weniger gesteuert werden, und dessen Vorbildhaftigkeit das Individuum emotional anzieht.

Mit der besagten These über die geschichtsbildende Kraft des menschlichen Selbstverständnisses sind zwei wichtige Faktoren eingeschlossen:

1. Die Vernunft des Menschen ist für unseren Philosophen immer strukturell relativ auf Gruppen, Rassen, Kultureinheiten und soziale Verhältnisse, mit deren Kommen und Gehen auch die Vernunft ständig wird und entwird. Man sieht sogleich, daß jener dynamische Vernunftsbegriff Max Schelers in einem krassen Gegensatz zu den bekannteren Vernunftsbegriffen steht, wonach die menschliche Vernunft als stabil oder absolut angenommen, bzw. keine Unterschiede mit Bezug auf größere Kultureinheiten, z. B. denen Europas und Asiens, aufweisen soll (Kant; Hegel). Damit will Scheler auch bedeuten, daß menschliche Einsichten in verschiedenen Geschichtsepochen und bei verschiedenen Menschentümern sehr verschieden ausfallen können. Es gibt Einsichten, die ein vergangenes Volk gehabt haben mag, die aber gar nicht mehr nachvollziehbar sind. Denn Einsichten funktionalisieren sich nicht nach einer (z. B. westlichen) Kategorientafel, sondern immer nur

[1] Siehe Ges. W. Bd. 10.

im lebendigen Verkehr mit den Dingen und Sachverhalten, die jeweils in einer Sozietät anzutreffen sind. Sie können in den entfernten Geschichtsepochen sehr verschieden von den unsrigen sein; z. B. ist das, was die Vorsokratiker «Unverborgenheit» nannten, gar kein «Begriff», der mit unserem Wort «Wahrheit» getroffen werden kann. Die vergleichende Sprachwissenschaft spricht in diesen Fällen von «Eigen»-Begriffen, die sprachlich nur in einer bestimmten Kultur vorkommen.

Der dynamische Vernunftsbegriff steht nun in einem engen Zusammenhang mit der Form, in der sich das, was man von jeher «ratio», «mens», «nous», «Geist», «Bewußtsein», «Ich» in der Geschichte der Philosophie genannt hat, ausweist: die Person. Die Existenzweise alles geistigen Seins ist immer ein personhaftes Akt-Sein und drückt sich gleichsam prozeßhaft in Akten aus. Dies ist nicht nur der Fall bei konkret erfahrenem geistigen Sein (z. B. das unserer Mitmenschen), sondern ist auch schon der Fall bei nur angenommenem geistigen Sein, z. B. das eines Engels oder des Satans. Ein geistiges Sein, das nicht personhaft ist, wäre unserem Philosophen nichts anderes als eine platte metaphysische Spekulation, weil es gar keine Individualität haben könnte. Denn die Individualität des Akt-Seins besteht in der «qualitativen Richtung» *wie* das Akt-Sein sich vollzieht. Das Wie bzw. die Vollzugs*art* der Akte (z. B. der des Wollens, Liebens, Hassens, Wahrnehmens etc.) bestimmt die Einzigartigkeit und Unersetzbarkeit der Einzelperson und ihres Wertes. Analoges gilt bei Scheler auch für die «Gesamtperson», z. B. die eines Kulturkreises, einer religiösen Glaubensgemeinschaft, oder einer Nation.

2. Hieraus folgt, daß Scheler eine Absolutsetzung nur eines geschichtbildenden Faktors (z. B. wirtschaftliche Produktionsverhältnisse) ablehnt zugunsten von tiefreichenden Interdependenzen *aller* möglichen ausschlaggebenden geschichtsbildenden Faktoren (z. B. auch geo-politische sowie religiöse Anschauungen).

In der frühen Abhandlung «*Tod und Fortleben*» ist der Gedanke der geschichtlichen Rolle des menschlichen Selbstverständnisses im Keime enthalten, ein Gedanke übrigens, den Max Scheler in seiner «philosophischen Anthropologie» eingehender entwickelt hat[1]. Sowohl die moderne Verdrängung der unmittelbaren Todesidee durch den erwerbs- und arbeitssüchtigen «Sturz in den Strudel

---

[1] Sie ist gegenwärtig für die «Gesammelten Werke» in Vorbereitung.

der Geschäfte», als auch die Zukunft des Kapitalismus sucht der Verfasser durch ein Selbstverständnis eines Menschentyps zu begründen, durch den das heutige obwaltende Verhältnis zum Tode und die kapitalistisch sowie sozialistisch strukturierte Erwartungssphäre auf die Zukunft hin mehr oder weniger bestimmt sein sollen: durch die heutige Selbstauffassung des Menschen als gesellschaftlicher *Werkzeug-* und *Arbeitsmensch* (homo faber).

In der Form menschlichen Zusammenseins, die wir heute mit «Gesellschaft» bezeichnen und die Max Scheler als ein Artifakt von Verträgen, Gesetzen, Konventionen etc. streng von der vorgesellschaftlichen Form allen Zusammenlebens, der «Lebensgemeinschaft» (Familie, clan, Stamm, Heimatgemeinschaft etc.) unterschied, ist die natürliche Furcht vor dem Tode ersetzt durch ein «rechnen» und «sich versichern» mit und gegen den Tod in dem Sinne, daß der moderne Mensch kaum mehr «angesichts» des Todes lebt oder leben kann. Das «angesichts» ist hierbei kein tieferer philosophischer Begriff (etwa ein ontologischer, wie bei Heidegger), sondern es soll nur die einfache Tatsache ausdrücken, daß heutzutage der Tod (und die Geburt) von Haus und Familie in die Krankenanstalt, von einem lebensgemeinschaftlichen direkten *Mit*erleben in ein *Fern*erleben verlegt sind. Das Er-leben ihrer seitens der Mitmenschen ist zunehmend ersetzt durch eine Objektivation. Dies trifft z. B. zu für den medizinischen Begriff des «exitus» als auch für die juristische Festlegung dafür, ob oder ob nicht die Geburt eines «Menschen» mit der Empfängnis anzusetzen ist, bzw. ob oder ob nicht juristisch der Abtreibung nach der Empfängnis bis zu einem juristisch festgelegten Zeitpunkte etwas im Wege steht. Desgleichen trifft dies zu für die Versicherungsraten der Älteren. Die Verdrängung des Miterlebens des Sterbens eines Freundes oder Familienmitgliedes, bzw. die Todesteilnahme, die seit Homer ein wesentlicher Bestandteil in allen Literaturformen gewesen ist, sei kurz durch ein Beispiel aus der angelsächsischen Welt erläutert. Wer die Einrichtung eines «funeral home» kennt, in dem die Leiche zur Schau aufgebahrt ist, weiß, daß das ursprüngliche «angesichts» des Todes bereits in sein Gegenteil umgeschlagen ist. Der Verstorbene fungiert hier noch als Teil fast gesellig Sichtreffens der Hinterbliebenen, oder besser, das Begräbnisgeschäft setzt alles daran, das Totsein des Verschiedenen (d. h. die «Leiche» als solche), sei es durch make-up, sei es durch psychologisch geschickte Hintergrundmusik, sei es durch andere Atmossphärentricks zu verbergen. Das «angesichts» des Sterbens, des letzten Atemzzuges, des Totseins, hat der «Besichtigung» des Verschiedenen Platz gemacht: das «daß» des Todes ist durch sein «wie» im Aussehen ersetzt («Leichenschau»). Es handelt sich mithin um eine ganz neue Todeserfahrung der Mitmenschen. Wir wollen hier die positiven Faktoren dieser Einrichtung nicht weiter berücksichtigen.

Jene gesellschaftliche Tendenz der Todesverdrängung muß aber streng geschieden werden von dem, was Max Scheler die «natürliche» Verdrängung nennt, d. h. die Tatsache, daß wir uns während unseres Lebens kaum um den eigenen Tod und den unserer Mitmenschen kümmern. Denn dieser «metaphysische Leichtsinn» des Menschen, die «Ruhe» und «Heiterkeit» gegenüber der in jeder Sekunde steckenden Evidenz des Todes erlaubt gerade dem Menschen der Träger einer zunächst *nicht* todesfürchtigen Alltagswelt zu sein.

Jener «Leichtsinn» ist im Vergleich zu dem, was Martin Heidegger das *«uneigentliche Sein zum* Tode» nennt[1], als positiv und biologisch zweckmäßig zu bezeichnen. Zwar verdeckt bei Heidegger die «ständige Beruhigung über den Tod» das eigenste «Sein zum Tode» (d. h. mutatis mutandis das «angesichts» Schelers), aber es muß hierbei darauf geachtet werden, daß gerade jenes uneigentliche Sein zum Tode, jener «Leichtsinn», das ist, was die Normalstruktur der Alltäglichkeit des Menschen, seiner «natürlichen Weltansicht», ermöglicht, und daß das eigentliche «Sein zum Tode», könnte es überhaupt daseinsmäßig gegeben sein, jene Alltäglichkeit, in die das Mensch-Dasein geworfen ist, zunichte machte. Das eigentliche Sein zum Tode mag ontologisch eine Wesenssturktur des menschlichen Daseins sein (Heidegger), aber gesehen von der lebendigen Person ist der metaphysische Leichtsinn vor dem Tode wichtiger. Es ist die Beruhigung über den Tod, die Ruhe, Heiterkeit und das Sicherheitsgefühl vor ihm, die wesenhaft zum Menschen gehören, und die ihm erlauben, nur eine *kleinere* Strecke als seine ganze Lebensbahn zu überblicken und ihn dadurch ein geschichtliches Wesen von Möglichkeiten macht. Ein faktisches «Sein zum Tode» dürfte sich um die Alltagswelt wohl kaum scheren.

---

[1] Siehe *Sein und Zeit*, Gesamtausgabe Bd. 2, S. 344, Verlag Vittorio Klostermann, Frankfurt, hrg. von F.-W. von Herrmann.

Da die Abhandung über den Tod in die vorübergehende phänomenologische Periode Max Schelers fällt, sei auch auf eine phänomenologische Relevanz hingewiesen, die erst im Spätwerk des Philosophen einen Niederschlag fand: der Tod des Bewußtseins. Scheler hat diesen Begriff nicht eigens thematisiert, aber wir wollen versuchen, ihn aus seinen Schriften zu eruieren.

Diese Relevanz ist heutzutage wichtig, da wir bekanntlich vor dem moralischen, juristischen, medizinischen und bevölkerungspolitischen Problem der Lebensverlängerung auch totgeweihter Patienten stehen. Die Frage ist hier einmal, ob eine «Definition» des Todes durch den Tod des Bewußtseins, durch das Ableben der Selbstbewegungskraft des Leibes, oder erst mit beiden zusammen gegeben werden kann. Diese Frage ist wichtig z. B. in Fällen, wo der Leib des Patienten durch eine Apparatur künstlich am Leben erhalten wird, sein Bewußtsein aber in hoffnungslosem komatösen Zustand ist. Darf bzw. «soll» man nach gewisser Zeit die Apparatur ausschalten? «Soll» man den Patienten sterben lassen? «Soll» man ihn am Leben halten, nachdem alle medizinische Kunst versagt? Die Frage, ob die betreffende Apparatur ausgeschaltet werden soll, scheint mit Ja beantwortbar zu sein, wenn wir das Bewußtsein mit einem Zeitbewußtsein identifizieren und dem Patienten das letztere absprechen müssten insofern, als der Patient keine Zeiterstreckungen von Vergangensein, Gegenwart und Zukünftigsein hat, geschweige sein retentional-protentionales Bewußtsein als fungierend angesprochen werden kann. Die Frage, ob die Apparatur ausgeschaltet werden soll, scheint mit Nein beantwortbar zu sein insofern, als demjenigen, der sie ausschaltet, oder auch nur vor der Wahl dieses Aktes steht, unweigerlich das Gewissen rührt.

Um überhaupt in jene heute so wichtige Frage ein phänomenologisches Licht zu bekommen, wollen wir einen möglichen Begriff des Todes des Bewußtseins von Scheler her gewinnen. In seiner Abhandlung «Idealismus–Realismus»[1] schreibt Scheler folgendes:

«Auch das Erlebnis des *Alterns* und Sterbens als eines Hingehens auf ein Nicht- und Nichtmehrleben *können* ist dem Menschen schon in dem eigenartigen Wechsel der je erlebten *Zeitstruktur* von Gegenwart, Vergangenheit und Zukunft gewiß. Auch wenn wir alle möglichen Erfahrungen, die ein Mensch von Altern und Tod

[1] Siehe Ges. W. Bd. 9. Max Scheler hatte den hier folgenden Gedanken bereits 1914 in einem Vortrag in Göttingen ausgeführt.

an anderen Menschen oder Lebewesen gewinnen könnte, ausgeschlossen denken; ferner alle Erfahrungen, die der Mensch durch den Ablauf seiner Organgefühle und Zustände machen würde, als da sind steigende Mattigkeit und steigendes Unvermögen zu gewissen Verhaltungsweisen, so würde *einzig* der Wechsel seiner erlebten Zeitstruktur selbst ihm die Einsicht geben können, daß er einem «Nichtmehrleben-Können» überhaupt, also dem Tode entgegenschreitet. Denn das dynamische Erleben der Zukunft hat je einen bestimmten *Spielraum von miterlebter Mächtigkeit,* der im Alternsprozeß ständig *abnimmt,* wogegen die andere Sphäre, die Sphäre des «Unabänderlichen»-Gewesenen in Form eines intensiv *steigenden* dynamischen Widerstandserlebnisses seiner auf die «Gegenwart» drückenden und lastenden «Vergangenheit» ständig zunimmt; die Gegenwartssphäre selbst aber wird von der Kindheit bis zum Greisenalter immer enger und «flüchtiger». Es ist eine bekannte Tatsache, daß, ganz angemessen diesem Gesetz des Strukturwechsels, dieselbe objektive Zeit (z. B. eines Jahres) mit wachsendem Alter immer rascher und rascher zu verlaufen scheint. Aus diesem Grunde sind auch Altern und Tod – so wenig wie Leben selbst – *keine* Erfahrungsbegriffe, sondern sind mit jenem Grundgesetz, das als Wesensgesetz des Lebens (als psychophysisch indifferenten Faktums) angesehen werden muß, daß nämlich *jeder Schritt der spontanen Selbstveränderung den Spielraum möglicher Selbstveränderungen* und *Entwicklungen* selber *einengt,* notwendig mitgesetzt. Das *steigende Determinationserlebnis* und das Erlebnis des abnehmenden «Noch könnens»-spielraums ist nichts, was die Zeit als Gegenstand der Anschauung oder des Gedankens schon voraussetzte, sondern etwas, was wesensgesetzlich mit Leben und Erleben des Lebens verknüpft ist.

Wie sehr das Zeiterleben in dem dynamischen Verhältnis der Triebimpulse zueinander gründet, das beweisen aber nicht nur die angegebenen Veränderungen der Zeitstruktur, sondern auch die Tatsache, daß eine undatierbare Ordnung der Lebensinhalte allen datierbaren zeitlichen Ordnungen von perzipierbaren Vorgängen des äußeren und inneren Lebens *vorher*geht.»

Das, was in unserem Zusammenhang als wichtig in dieser Textstelle erscheint, ist darin zu sehen, daß die Gegebenheit eines Seienden mit seiner *Widerstandserfahrung* identifiziert wird, – ein zentraler Punkt in der Schelerschen Phänomenologie, die sie von der Husserls grundsätzlich abhebt. Gegebenheit von etwas konstituiert sich in biologischer, psychischer, triebhafter, physischer, moralischer und weiter bewußtseinsmäßiger Widerstandserfahrung gegen ein selbsttätiges Lebenszentrum. Scheler hat jene Ansicht in seinen *Späten Schriften* und in *Erkenntnis und Metaphysik* eingehender dargelegt[1].

Die Widerständigkeit ist auch ein Bestandteil des Zeitbewußtseins. Das Vergangensein unserer Lebensbahn drückt immer mehr auf das Gegenwärtige, während der ursprünglich weite Horizont der Zukunftsmöglichkeiten sich sozusagen rückwärts gegen das Gegenwartserleben zusammenzieht. Jedes Bewußtseinsmoment ist demnach in und durch den Widerstand der Zeitdimensionen, in denen es steckt, gegeben. Der Widerstand zwischen Vergangensein, Gegenwart und Zukunft (einschließlich dem im retentionalprotentionalen Gefüge) verschwindet an der Grenze des Alterns, dem Absterben, vielleicht ist er auch gleich Null im Schlaf[2]. Ist der Widerstand zwischen den Zeitdimensionen gleich Null, kann kein Seiendes «gegeben» sein, soll es mit der These Schelers, daß alles Gegebensein = Realsein = Widerstandsein ist, etwas auf sich haben. Der Zeitwiderstand verschwindet auch im extrem komatösen Zustand. Dies ist wenigstens anzunehmen in solchen Fällen, wo die Apparatur beim Patienten keine Gehirnwellen aufweist. In diesem Falle müßte das gesamte *intentionale* Zeitbewußtsein und seine normalen konstitutiven Faktoren *extensional* ununterschieden sein. Das Bewußtsein gleicht hier einem amorphen Auseinandersein ohne jede widerstehende Bestimmtheiten, d. h. es liegt kein *Be*-wußtsein von etwas vor.

Die entscheidende phänomenologische Frage der extremen Koma ist nun die, ob die amorphe präsenzlose, vielleicht nur hyletische Extensivität des Nichtbewußtseinszustandes, d. h. also die Absenz allen retentionalen und protentionalen Zeitgeschehens, noch als «lebendig» angesehen werden kann, oder ob sie nichts ist als ein durch die Apparatur durch den Leib hindurch wirkender *Rest* extensiver Leiblichkeit. Fällt also der Tod des Bewußtseins mit dem Abklingen des Widerstandes zwischen den Zeitdimensio-

---

[1] Siehe hierzu auch das «Nachwort des Herausgebers» von *Späte Schriften*, Ges. W. Bd. 9. *Erkenntnis und Metaphysik* erscheint demnächst in den «Gesammelten Werken». Der Band enthält ausschließlich bisher unveröffentlichte Schriften aus dem Nachlaß.

[2] Vgl. *Der Formalismus in der Ethik und die materiale Wertethik*, Ges. W. Bd. 2, fünfte Auflage 1966, Seite 424.

nen zusammen, so ist der «Patient» genau das, was man in der englischen Sprache mit «vegetable» bezeichnet, dem jedes personhafte Akt-Sein bar ist, und dem jede Form von Geist, der von Scheler mit «Sachlichkeit» identifiziert wurde, fehlt.

Juristisch gesehen, kann in diesem Falle die Apparatur abgeschaltet werden. Sie wird es z. B. im USA Staate Illinois, allerdings unter der Bedingung, daß ein Organ des Patienten für eine Transplantation dringend benötigt wird. Dies heißt, die Ausschaltung der Apparatur wird im Namen des Lebenswertes einer anderen *Person* abgeschaltet. Ist aber der komatöse Zustand nicht durch eine Krankheit oder einen Unfall, sondern durch einen böswilligen Schlag eines anderen verursacht, wird sich der Arzt hüten müssen, die Apparatur auszuschalten. Denn in diesem Falle kann der Staatsanwalt jene Handlung als das ansehen, womit er den Angeklagten der *Ursache* der Tötung (wertethisch nicht des Mordes) überführt, bzw. seine Verteidigung den betreffenden Arzt. Es erscheint demzufolge, daß ein allgemeines Gesetz schwerlich zu finden ist, selbst wenn der Tod des Bewußtseins mit dem Zusammenbruch der Widerständigkeit zusammenfällt.

Philosophisch gesehen, fragt man sich hier, ob der immer weitergehende Eingriff der Technik in das individuelle und generelle Leben, trotz ihrer großen Errungenschaften, nicht doch die Einsicht in den Wert des Rechtseins und den Unwert des Unrechtseins, die evident Personwerte sind, mit sich selbst in Konflikt bringt.

Nun setzt das Problem der Lebensverlängerung durch künstlichen Eingriff in der oben genannten Argumentation einen cartesischen Dualismus von Körper und Geist, von Sinnlichkeit und Verstand voraus, den Max Scheler ablehnte. Denn das Wesen alles Lebendigen besteht für ihn in der Selbstbewegungsmacht, deren metaphysisches Prinzip er bekanntlich den Drang nannte, von dem auch die geistigen Prozesse ihr Bewegtsein borgen. Darum müßte unsere Frage neu angegangen und formuliert werden: Soll die vitale *Selbsttätigkeitsenergie* überhaupt – dem natürlichen Absterben ihrer zum Trotz – künstlich durch die Atmungsapparatur gespeist werden, wenn sie den Bewußtseinsstrom nicht mehr erreicht?

Juristisch gesehen, unterschlägt die oben mit Ja beantwortete Frage in diesem Falle die gesamte Triebsphäre des Menschen, einschließlich des Todestriebes, der zum Wesen des Lebens gehört. Selbst wenn der Tod des Be-wußtseins relativ eindeutig festgestellt werden kann, bleibt die Frage offen, ob das Triebleben des Patienten, allem voran der Fortpflanzungs-, Macht- und Nahrungstrieb, vielleicht noch intakt ist, bzw. ob dem Patienten nicht ein *Recht auf das Rühren seines Todestriebes* hat.

Philosophisch gesehen, fragt es sich wiederum, ob eine gewaltige Vermessenheit des heutigen technisch motivierten Arbeits- und Werkzeugmenschen sich nicht darin ausdrückt, daß er an der im Todestrieb gesetzten untersten Grenze vitaler Selbsttätigkeitsenergie «arbeitet», um sich gegen diese Grenze so weit wie möglich «abzusichern».

Wie sehr Scheler die Triebsphäre und die menschlichen Gefühle einschätzte ist schon in seinen bisher veröffentlichten Schriften bezeugt. Werfen wir nun einen kurzen Blick auf die Rolle, die die Triebe in der Struktur eines Zeitalters spielen sollen, insbesondere was die *«Zukunft des Kapitalismus»* anbelangt. Auch hier wollen wir einige Thematiken der Gesamtphilosophie Schelers mit einbeziehen. Wir gebrauchen das Wort «Weltalter» in dem Sinne, wonach die Geschichte sich in drei Phasenprozessen darstellen läßt: 1. die mythologische, genealogisch-lebensgemeinschaftliche Phase, in der die verschiedenen Menschentümer wesentlich blutsmäßig miteinander verbunden sind (Stämme, Rassen etc.); 2. die gesellschaftliche Phase, in der die Menschen durch künstliche Abmachungen und Verträge ihr Zusammenleben gesetzlich zu regeln suchen; 3. die (zukünftige) All-Menschheit, die ein globales solidarisches Ausgleichsstadium zwischen allen Menschen werden soll[1].

Jene drei Betrachtungsweisen der Geschichte sind nicht entwicklungsmäßig, sondern phasenhaft zu verstehen. Gleich welcher Zeit eine Menschengruppe angehören mag, alle drei Betrachtungsweisen gründen in der Triebanlage des Menschen zusammen. Es können sich z. B. lebensgemeinschaftliche und gesellschaftliche Strukturen bei den Menschentümern überschneiden, bzw. die eine oder andere dominant sein. Es bleibt aber das soziologische Wesensgesetz dabei erhalten, daß es nie eine Gesellschaft ohne die sie fundierende Lebensgemeinschaft (z. B. die Familie) geben kann. Dieser Phasenprozeß steht mithin senkrecht zur linear fortschreitenden «Entwicklung» von der Vergangenheit in die Zukunft, etwa analog zu Wellenphasen.

---

[1] Vgl. hierzu die Abhandlung «Der Mensch im Weltalter des Ausgleichs», in: Ges. W. Bd. 9.

Jene Betrachtung der Geschichte fungiert als Ausdruck für das, was im vor-bewußten Triebleben vor sich geht. Im Triebleben vollziehen sich Verschiebungen der vorbewußten Objekte der Triebe. Diese Triebobjektverschiebung deutet Scheler wie folgt an: In der lebensgemeinschaftlichen Phase zielt der Machttrieb auf «Macht über Menschen» ab. Hier ist eine Geschichtsphase durch Sklaverei, Leibeigenschaft, Hierarchie, vererbte oder unbewußt angenommene Unterschiede zwischen Menschen und Klassen vorherrschend. Jene Tendenz scheint in der Machtstaaterei einen Gipfelpunkt erreicht zu haben. Das aufgekommene dominante Artifakt der Gesellschaft soll aber schon beginnender Ausdruck der Veränderung des Triebobjektes «Macht über Menschen» in Macht über organische und anorganische Sachen sein (Technik). Da alle Perzeption, alles Wollen und Denken bei Scheler nicht ohne ein automotorisches Triebleben fungiert, ist jenes neue Objekt des Machttriebes, die Macht über Sachen, die Bedingung dafür, daß in den gesellschaftlichen Phasen das Streben nach Macht über Menschen abnimmt, und damit eine geringere Wahrscheinlichkeit, in einem Kriege einen «Sinn» zu sehen. Die Geschichte wird, wie Scheler einmal sagt, «unhistorischer» und «undramatischer» werden. Es ist aber erst im anhebenden «Weltalter des Ausgleichs», wo sich der Machttrieb ganz auf die «Sachen selbst» verlegt. Die Zukunft des Kapitalismus, d. h. jene Denkart, die auf Sachen (insbesondere wirtschaftlicher Art) abzielt und zu dem auch der Sozialismus gehört insofern, als auch er eine Variante des Sachdenkens ist, soll somit von einem neuen triebhaft bedingten «Menschentyp» getragen sein. Die Zukunft des Kapitalismus handelt also nicht von einer Zerschlagung desselben durch den Sozialismus, bzw. umgekehrt, sondern sie handelt von einem neuen Menschentyp, dessen Denkweise auf die Sachen gerichtet ist, und dem auch Nationalgefühle allmählich entgehen zugunsten einer «solidarischen» All-Menschheit. Darum steht der vorliegende Aufsatz in engem Zusammenhang mit dem, was Scheler in seiner Ethik über das «Solidaritätsprinzip» ausgeführt hat.

Mit jener vorbewußten Objektveränderung im Machttrieb geht nun einher eine Verlagerung auch der Bedeutung der drei Haupttriebe selbst: des Fortpflanzungs-, Macht- und Nahrungstriebes, entsprechend deren Rollen in der Lebensgemeinschaft, der Gesellschaft, und dem Weltalter des Ausgleichs. Der Fortpflanzungstrieb, der in allen lebensgemeinschaftlichen Phasen eine primäre Rolle spielt (Bluterhaltung), nimmt in seiner Bedeutung ab zugunsten des Nahrungstriebes, der in seinem Wesen auf Sachen in der Natur bezogen ist. Wir können uns diesen etwas verwickelten Prozeß der geschichtlichen Rolle des Machttriebes so verdeutlichen:

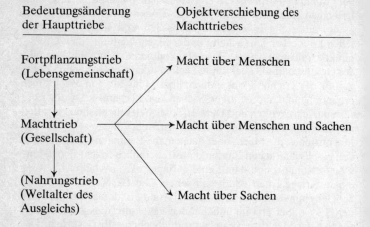

Soll es mit der These, wonach der im Unterschied zu den lebensgemeinschaftlichen und machtpolitischen Ären wirtschaftlich an Naturobjekten orientierte Kapitalismus ein Ausdruck besagter Wandlung des Machttriebobjektes ist, etwas auf sich haben (eine These überdies, die dahingehend unterstützt werden kann, daß man mit Nietzsche den Begriff der Geschichtlichkeit des Menschen als des *auch triebmäßig* «nicht festgelegten Tieres» anzunehmen hat, im Gegensatz zur triebmäßig festgelegten Tierwelt, die keine «Geschichte» hat), so fragt sich, inwieweit jener Triebvorgang das Wesen der Person, als die Existenzart geistigen Seins, tangiert. Diese Frage führt uns zum «*Phänomen des Tragischen*», das wir noch in Anlehnung an Max Schelers «Formalismus in der Ethik» kommentieren wollen.

Zwar ist immer mit Recht betont worden, daß Scheler die Individualität der Person in der qualitativen Richtung aller ihrer Akte sieht, und daß die Person in diesen Akten ihre dynamische Existenzart besitzt; aber desgleichen gilt, daß auch jede Personengemeinschaft eine kommunale qualitative Richtung aller ihrer Akte hat und sich so von anderen Gemeinschaften unterscheidet. Da, wie oben angeführt, das Triebleben des Menschen, seine Ansprechbarkeit, sein Angezogensein, bzw. seine Nichtansprechbarkeit oder Abgestoßenheit fundierend ist für die Wahrnehmung, Motivationen, Wollungen und Denkweisen, muß auch jede Veränderung der Triebkonstellationen eine Änderung des Persontyps und Gemeinschaftstyps herbeiführen. Dies schließt ein, daß die Person kein festes substantielles, sondern ein sich nie ganz erfüllendes Werde-Sein ist, und daß sie nie ganz in ihren Akten aufgeht. Hinzu kommt, daß, im Gegensatz zu den Begriffen von «Bewußtsein» (Husserl) und «Dasein» (Heidegger), der Zentralbegriff der «Person» bei Scheler ein «Selbstwert» ist. Dieser individuelle Selbstwert steht moralisch stets in Beziehung zu einem höchstmöglichen Selbstwertsein, das, weil es faktisch nicht existiert, sondern nur Ziel ist, als «ideal» angesprochen ist. Alle individuellen und kommunalen Persontypen messen sich unterbewußt an idealen Vorbildtypen, zu denen sie aufstreben. Die qualitative Richtung des Aktseins soll vorbewußt von bestimmten Wertpersontypen stets angezogen sein. Es ist also nicht so, wie man zunächst meinen möchte, daß die Person sich selbst ein Vorbild herstellt, sondern umgekehrt, eine ideale Wertpersonhaftigkeit schwebt dem Personsein immer schon voran, so daß Scheler sagen kann, daß die idealen Vorbilder uns «besitzen». Bekanntlich nahm Scheler fünf solcher Idealtypen an[1], worauf wir hier nicht im einzelnen einzugehen brauchen. Was uns angeht, ist der Sachverhalt, daß Scheler das Phänomen des Tragischen im Personsein festmacht, d. h. als ein ethisches, nicht ästhetisches Phänomen ansieht. Es besteht darin, daß die Person nie ihre maximale Vor-bildlichkeit erreichen kann, und sie deshalb in ihrem *Sein* in die Schuld einer Selbstwertdefizienz verstrickt ist, die sie selbst *nicht* verschuldet hat. Die Person ist immer in «unverschuldete Schuld», d. h. tragische Schuld, verfallen. Sie ist der Ort der Möglichkeit der unverschuldeten Schuld, der Seins-Schuld. Jene Seinsschuld muß von der verschuldeten Schuld, ähnlich wie bei Heidegger, der sie «vulgäres Schuldphänomen» in *Sein und Zeit* nennt, unterschieden werden. Allerdings ist das Schuldphänomen bei Scheler ein ethisches, nicht wie bei Heidegger ein ontologisches. Denn die idealen Wertpersontypen, zu denen die endliche Person in Schuld steht, sind genau das, was die

---

[1] Vgl. hierzu «Vorbilder und Führer», Ges. W. Bd. 10.

ursprüngliche Bedeutung des griechischen Wortes ἦθος, von dem wir das Wort «Ethik» haben, einschließt: der Aufenthalt (des Personseins). Die schuldlose Schuld ist der tragische Bezug der Person zu ihrem relativen Nichtsein ihres möglichen Höher- und Höchstwertseins. Auch dem tragischen Helden, z. B. Hamlet, haftet so immer eine unverschuldete Seinsschuld an, durch die dem Zuschauer die finstere Unabwendbarkeit einer Wertvernichtung entgegengähnt, die zur Beschaffenheit auch seiner Welt gehört.

Der ethisch-personalistische Begriff des Tragischen muß uns heute als etwas abgelegen, wenn nicht antiquiert erscheinen. Dies aber liegt daran, wenn wir Scheler einmal weiter folgen, daß die Struktur einer Sozietät wissenssoziologisch die Denk*art* der Menschen tangiert. Ein Phänomen, wie das Tragische, perspektiviert sich in den Denk- und Anschauungsformen durch die Sozialstruktur, in der wir heute sind. Es ist Aufgabe der Philosophie, diese Perspektivität mit ihren triebgeleiteten Interessensrichtungen zu überholen, um in einer Wesensschau den Aufbau der Welt, zu der das Tragische gehört, selbst erscheinen zu lassen dergestalt, daß keine Vitalrelativität der Welt übrig bleibt. Scheler versuchte dies durch seine phänomenologische Reduktion, die in einer «psychischen Techne» besteht, zu tun[1].

Die Abhandlung über das Tragische ist eine unter anderen, die uns aus Händen der Philosophen seit Aristoteles zugekommen ist. Für eine Vertiefung des Verständnisses dieses Phänomens liegt zunächst einmal ein Vergleich der einschlägigen Literatur nahe, wie er jüngst z. B. von dem Polen W. Tatarkiewicz zwischen Aristoteles, Hume und Scheler angeregt worden ist. Sicher steht Schelers Abhandlung im Gegensatz zu Hegel, für den das Tragische in der höheren Einheit synthetischer Versöhnung zwischen ethischen Gegensätzen zu sehen ist, wohingegen sie wiederum in der Nähe Nietzsches steht, für den das Tragische ein notwendiger Bestandteil des Leidens und Erleidens des Lebens ist. Gewiß ist auch, daß Schelers Abhandlung mit der griechischen Tragödie, mit der französischen Tragödie des siebzehnten Jahrhunderts, mit Shakespeare, mit Schiller und Kleist vereinbar ist, kaum oder nicht aber mit der Literatur der Tragödie des zwanzigsten Jahrhunderts, bzw. letztere nicht mit ihr. Denn im zwanzigsten Jahrhundert wird je-

---

[1] Zur phänomenologischen Reduktion siehe Ges. Werke, Bd. 9, «Idealismus–Realismus» IV, und das Nachwort des Herausgebers im gleichen Bande, insbesondere S. 357 ff.

weils eine soziale Wertekrise der gegenwärtigen Gesellschaft für das Tragische *verantwortlich* gemacht. Wir sehen dies bei A. Miller und Ibsen, wo das tragische Individuum gegen eine falsche Gesellschaft nicht ankommt; wir sehen es in der Tragödie Brechts, wo die Handlung durch ein marxistisch orientiertes Urteil über die Wertkrise sogar unterbrochen wird; wir sehen es vor allem in der existentialistischen Tragödie, wo eine allgemeine menschliche Situation, nicht notwendig die einer modernen Gesellschaft, zum Untergang führt (Camus, T. S. Eliot, Strindberg).

Es fragt sich, ob oder ob nicht das Phänomen des Tragischen überhaupt sozial-kritisch oder dialektisch fundierbar gemacht werden kann. bzw. ob es zum Dasein – auch im Heideggerschen Sinne dieses Wortes – überhaupt gehören muß.

Eine mögliche Unbeantwortbarkeit dieser Frage wäre vielleicht schon selbst ein Zeichen der Unabwendbarkeit des Tragischen, das im undurchsichtigen Nebel steckt, der immer schon die zwischen Geburt und Tod sich erstreckende Lichtung unserer Gegenwart umringt.

Manfred S. Frings
De Paul University
Chicago